Am Anfang – und auch lange Zeit danach – war alles noch ganz anders: Das heute Volkssport gewordene Spiel mit Racket und Ball, jetzt Tennis genannt, war einst Aristokraten vorbehalten. Zudem war Tennis keineswegs ein typisch englischer Sport, sondern ist eine französische Erfindung. Die Liste von blaublütigen Spielern – und Opfern – dieses Sports wird angeführt von Ludwig X., König von Frankreich. Er spielte 1316 in Vincennes mit derart unverhältnismäßigem Einsatz – sein Name ›le Hutin‹ (der Streitbare) ist in diesem Zusammenhang vielsagend –, daß er sich nach dem Match erkältete und an einer Lungenentzündung starb. Der unglückliche Monarch büßte mit dem Tode für seine Leidenschaft, das »jeu de paume«, wie der Vorläufer des Tennis bis weit in die Neuzeit genannt wurde. Das Spiel wurde so genannt, weil der Ball zunächst nur mit der Handfläche – lateinisch palma, französisch *paume* – geschlagen wurde. Die Bälle waren massiv und derart hart, daß häufig zum Schutz der Handflächen Handschuhe getragen wurden, während der Kopf des Spielers ungeschützt blieb. Es ist belegt, daß Spieler nach Treffern am Kopf tot liegenblieben. Im fünfzehnten Jahrhundert wurden Tennis-Schläger eingeführt. Von Frankreich aus kam das Spiel nach Italien und England . . .

insel taschenbuch 1287
Theo Stemmler
Vom Tennis

Theo Stemmler

Vom Tennis

Eine kleine Geschichte
des Tennisspiels
Mit zahlreichen Abbildungen
Insel Verlag

insel taschenbuch 1287
Erste Auflage 1990
© Insel Verlag Frankfurt am Main 1988
Alle Rechte vorbehalten
Bildnachweise am Schluß des Bandes
Vertrieb durch den Suhrkamp Taschenbuch Verlag
Umschlag nach Entwürfen von Willy Fleckhaus
Druck: Nomos Verlagsgesellschaft, Baden-Baden
Printed in Germany

1 2 3 4 5 6 – 95 94 93 92 91 90

INHALT

ANFÄNGE IM MITTELALTER

Am Anfang – und noch lange Zeit danach – war alles ganz anders: Tennis war kein Volkssport, sondern exklusiv. Es war Mönchen und Aristokraten vorbehalten. In Klosterhöfen entstanden, wurde es bald vom Adel in Beschlag genommen. Die Liste blaublütiger Spieler in der Frühzeit des Tennis ist lang.

Unerwartet ist auch dies: Tennis ist keine englische Erfindung, sondern eine französische. Auch wenn man den Engländern zutraut, fast alle Arten sportlicher Betätigung entwickelt zu haben, und man sie – meist zu Recht – für das Regelwerk verantwortlich macht.

Doch wie Hockey und Golf nicht englischer, sondern chinesischer und schottischer Herkunft sind, verdanken wir Tennis – trotz Wimbledon – nicht den sportbesessenen Engländern, sondern ausgerechnet den Franzosen, denen die Briten solches sowenig zutrauen wie den Deutschen Humor. Daß das Wort »Sport« französischer Abkunft ist, hätte uns allerdings zur Vorsicht – und die Briten zur Bescheidenheit – mahnen können. Doch selbst die Franzosen treiben ihren Nationalsport nicht so weit, daß sie die teilweise seltsamen englischen Regeln und Abmessungen des heutigen Tennis durch eigene, von rationaler *clarté* bestimmte Vereinbarungen ersetzen. Dabei würden es wohl alle Tennisfans – und insbesondere die Platzwarte – begrüßen, wenn sich das metrische System der Kontinentalen auch auf den weißen Sport auswirkte. Während ein Engländer Maße wie 23,77 Meter mal 8,23 Meter für das Spielfeld oder das Ballgewicht von 56,7 Gramm attraktiv findet, da sie seiner Neigung zum Skurrilen entsprechen, spürt ein Kontinentaler bei ihrer Nennung eher Widerwillen. Vielleicht entrollen doch eines Tages französische Eindringlinge in Wimbledon ein Transparent mit der Forderung, das Ur-Meter von Sèvres auch im Tennis gelten zu lassen.

Wir sind der siebenhundertjährigen Geschichte dieses Sports vorausgeeilt. Drehen wir die Zeitmaschine zurück, ins 13. Jahrhundert. Da sehen wir im Norden Frankreichs in den Innenhöfen vieler Klöster Mönche bei einem Ballspiel, das dem späteren Tennis ähnelt. Solch profane Tätigkeit der Ordensleute mag manchen wundern – zu Unrecht: Ab und zu hatte auch ein Mönchlein das Recht auf Urlaub von der benediktinischen Regel des *Ora et labora*.

Im übrigen behaupten manche Historiker, das Ur-Tennis in den mittelalterlichen Klöstern sei aus religiösen Osterbräuchen entstanden, die wiederum auf heidnische Fruchtbarkeitskulte zurückgehen sollen. Auch wenn einige zeitgenössische Quellen über Osterbräuche berichten, in denen Tennisball und Schläger eine Rolle spielen, ist die Theorie kaum haltbar. So tauschten im 15. und 16. Jahrhundert der Bischof von Orléans und das Ordenskapitel von Sainte Croix zu Ostern Geschenke aus: Die Kanoniker erhielten eine weiße Taube; dem Bischof überreichten sie zwei Tennisschläger und einige Bälle. Die religiöse Symbolik dieser Gaben ist heute nur noch zum Teil verständlich. Mit der Taube war der Heilige Geist gemeint, mit dem Ball die (von Gott beherrschte) Welt – doch was sollte der Tennisschläger bedeuten? Diese französische Zeremonie der *redevance des raquettes* erinnert an die Geschenke, die die Hirten in einem englischen Mysterienspiel des 15. Jahrhunderts dem Jesuskind überreichen: einen Vogel und einen Tennisball, der sowohl Symbol als auch Spiel-Utensil ist. Der Hirte fordert Christus auf, damit Tennis zu spielen:

I bring thee but a ball:
Have and play thee withal,
And go to the tennis.

(Ich bringe dir nur einen Ball:
Nimm ihn und spiele damit
Und geh zum Tennis.)

Die in Nordfrankreich verbreitete Vorform des heutigen Tennis wurde *cache* genannt – eine pikardische Dialektvariante aus lateinisch *captiare* mit der Bedeutung ›jagen, fangen‹. (Das englische Wort *catch* ist der gleichen Herkunft.) In Flandern, wo dieses Spiel seit dem 14. Jahrhundert sehr beliebt war, wurde aus *cache* das *caetsen*, heute *kaatsen*. Seit dem 13. Jahrhundert ist das Spiel in Schottland verbreitet und wird *caiche* genannt. Wie wurde *cache* gespielt? Da die zeitgenössischen Quellen spärlich und oft ungenau sind, lassen sich die Regeln dieses Ur-Tennis nur annähernd rekonstruieren. Dies ist sicher: Es wurde bis zum Ende des 15. Jahrhunderts mit der Hand gespielt, die man zuweilen durch einen Handschuh vor den harten Bällen schützte; Schläger werden erst im Jahre 1495 erwähnt. Daher rührt die in Frankreich (außer im Norden) zunächst übliche Bezeichnung *jeu de paume* – ›Spiel mit der Handfläche‹ (aus lateinisch *palma*).

Weiter gilt als erwiesen, daß der Service auf das Dach der einen Längsseite plaziert werden mußte. Der Grund für diese Regel ist unklar – ihr Entstehen wird jedoch verständlich, wenn man den Bauplan mittelalterlicher Kreuzgänge betrachtet.

Abb. 1: Kreuzgang an der Kathedrale Ste. Eulalie in Elne,
Roussillon/Pyrenäen, Süd- und Ostteil, 12.–14. Jahrhundert.

Charakteristisch für diese klösterlichen Anbauten ist ein
Schrägdach, das von Säulen gestützt wird. Als die
Mönche den Innenhof zum Tennis-Court machten, be-
zogen sie das Dach des Kreuzgangs in ihr Spiel ein. Auch
nachdem sich das Spiel aus dem klösterlichen Bereich
entfernte, behielt man lange Zeit das Dach als Anspiel-
fläche bei und baute es in verschiedenen Varianten nach.
Dies ist aus vielen zeitgenössischen Darstellungen
ersichtlich. *(Tafel 1)*

Im altertümlichen *real tennis* wird übrigens heute noch
mit dem Dach als Ziel aufgeschlagen.
Die Ball spielenden Mönche blieben nicht lange unter
sich. Sehr bald bemächtigten sich die anderen Stände
dieses neuen Zeitvertreibs. Sicher haben auch die
Klosterschüler unterschiedlicher sozialer Herkunft am
cache-Spiel teilgenommen und es außerhalb der Kloster-

mauern verbreitet. Die Bürger und Bauern mußten sich mit Mühe einen Spielplatz suchen.

In seinem allegorischen *Kaatspel Ghemoraliseerd* (1431) beschreibt der flämische Jurist Jan van den Berghe die Nöte damaliger bürgerlicher *cache*-Spieler:

> So pleghen de speelders te zouchene eene goede behouwelike stede omme te speelne.

> (So suchen die Spieler gewöhnlich einen guten, ebenen Spielplatz.)

Insbesondere mußten die Spieler »een goed hooghe daek« – »ein gutes hohes Dach« – finden.

Oft spielte man in jener Zeit auf dem Kirchhof: Dieser war eben und fest. Daß dortiges Ballspiel die Geistlichkeit störte, ist verständlich: Scheiben gingen entzwei, der Spiellärm drang oft während des Gottesdienstes in die Kirche.

Im Archiv der flämischen Stadt Oudenaarde ist eine frühe Verordnung aus dem Jahre 1338 erhalten, die das *cache*-Spielen in der Nähe des Friedhofs bei Strafe verbietet:

> Men verbiet de kache te speelne op t kerkhof op XX schel te mesdade. Ende die sine mesdaet niet ghelden en mach, men sal hem de Poert verbieden tes hi sine mesdaet bringt.

> (Es ist bei Strafe von 20 Schilling verboten, auf dem Kirchhof *cache* zu spielen. Und derjenige, der seine Strafe nicht zahlen kann, dem soll man das Stadttor verbieten, bis er die Summe entrichtet hat.)

Auch aus anderen Gründen setzte es Verbote. Die weltliche Obrigkeit wollte die Untertanen lieber bei nützlichen Waffenübungen sehen – Bogenschießen zum Beispiel. So verbietet der französische König Karl V. (1364–80; geb. 1338) in einem Erlaß des Jahres 1369 seinen Bürgern das Ballspiel: Es übe sie nicht im »usages d'armes à la defense de notre dit Roiaume« (im ›Waffengebrauch zur Verteidigung unseres Königreichs‹.)

Und außerdem sorgten sich die Herren Aristokraten um die Moral und die Geldbörsen ihrer Schutzbefohlenen: Sie tadelten die Wettleidenschaft, die sie selbst in erstaunlichem Maße kultivierten.

Während also die Bürger zunächst auf öffentliche Plätze angewiesen waren, verfügten spielbesessene Adlige über eigene Spielplätze, die für die restliche Bevölkerung *off limits* waren.

Anfangs wurden von den Adligen für das *jeu de paume* die Schloßgräben genutzt: Sie dienten nicht mehr der Verteidigung und waren daher nicht mit Wasser gefüllt. Bisweilen wurde – so im Schloß von Villers-Cotterêts – der ganze Innenhof zum Spielfeld. *(Abb. 2)*

Später errichtete man im Schloßbereich für das Spiel eigens Plätze – zum Beispiel in Amboise. *(Abb. 3)*

Bereits früh haben sich zwei Varianten des *jeu de paume* herausgebildet, die noch Jahrhunderte später nebeneinander bestanden. Unter nahezu primitiven Bedingungen spielte man im Freien das eher volkstümliche *jeu de longue paume:* Die großen Spielflächen dieser Variante haben sich im heutigen *Kaatsen* erhalten, das man auf einem 60 Meter oder 72 Meter langen Feld spielt. Dagegen fanden die *jeux de courte paume* der besseren Gesellschaft auf eigens dafür angelegten Plätzen statt, die oft überdacht waren. Doch nicht immer überließen die Bürger den Adligen kampflos das (Spiel-)Feld. In ver-

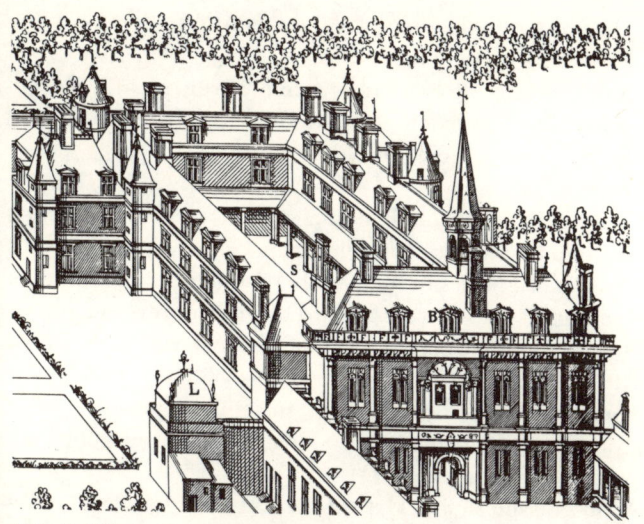

Abb. 2: Villers-Cotterêts (nach einem Stich von J.A. Ducerceau)

Abb. 3: Amboise (nach einem Stich von J.A. Ducerceau). – Oben links der neu angelegte Spielplatz; rechts außen der anfangs noch für das *jeu de paume* benutzte Schloßgraben.

schiedenen flandrischen Städten gründeten wohlhabende Bürger um 1405 eine Art Tennisclub, dessen Mitglieder das *jeu de paume* im Freien und in der Halle spielen konnten. Und im Jahre 1464 veranstalteten Bürger in Brügge das wohl erste Turnier der Tennisgeschichte.

Daran nahmen zwei Teams – die Weißen und die Schwarzen – teil.

Solche bürgerlichen Aktivitäten waren nicht gern gesehen und wurden – besonders in Frankreich und England – oft nicht geduldet.

Die in zahlreichen königlichen Erlassen angedrohten Strafen waren zum Teil sehr streng. Eine Verordnung aus dem Jahre 1477 sah für Tennis (und andere Spiele) eine Gefängnisstrafe von drei Jahren vor. Mehrere zeitgenössische Quellen berichten über Gerichtsverfahren. 1396 steht in Canterbury ein gewisser William Terrey vor Gericht. Er wird beschuldigt, in seinem Hause anderen Bürgern Gelegenheit zum Tennisspielen gegeben zu haben.

1450 müssen sich in Oxford mehrere Bürger vor den Behörden verantworten. Der Gerber Thomas Blake, der Bader William Whyte und der Handschuhmacher John Karyn werden gezwungen, »mit der Hand auf der Bibel dem Tennisspiel abschwören«.

Während Namen Tennis spielender Bürger meist nur in Gerichtsakten auftauchen, werden zahlreiche Aristokraten wegen ihres sportlichen Einsatzes gerühmt, dem aber auch manche einen frühen Tod verdankten.

Aristokratische Anhänger des *jeu de paume* werden in mittelalterlichen Quellen aus Frankreich, Flandern und England genannt – entsprechende Angaben aus deutschen Landen fehlen offenbar. (Vielleicht haben unsere Historiker dem mittelalterlichen Tennis im Heiligen Römischen Reich noch nicht nachgespürt.)

Der erste namentlich erwähnte königliche Tennisspieler ist Ludwig X. von Frankreich (1314–16; geb. 1289). Er ist zugleich das erste bekanntgewordene Opfer dieses

Sports: Er spielte 1316 in Vincennes mit solch kämpferischem Einsatz – sein Beiname *Le Hutin* (der Streitbare) ist vielsagend –, daß er sich nach dem Match erkältete und an einer Lungenentzündung starb.

Ähnlich erging es Philipp dem Schönen, König von Kastilien. In Brügge geboren und in Flandern aufgewachsen, lernte er früh das in jener Region verbreitete *jeu de paume*. Aus einem zeitgenössischen Inventar geht hervor, daß er über »trois raquettes pour jouer à la paume et quatre gants pour semblable usage« verfügte. Nach der Wahl zum König Kastiliens im Juli 1506 machte er sich auf die Reise dorthin. Doch widrige Winde trieben sein Schiff an die englische Küste. Der englische König, Heinrich VII., hört von Philipps Mißgeschick und lädt ihn als seinen Gast nach Windsor ein. Womit vertreiben sich beide Herrscher die Zeit? Mit Tennis natürlich.

Heinrich war ein Tennisnarr. Sein Hobby ließ er sich etwas kosten: Es wurde um hohe Einsätze gespielt. Aus den königlichen Haushaltsbüchern geht hervor, daß an gegnerische Spieler bis zu zehn Pfund gezahlt wurden – erstaunliche Summen also. Sicher murrten vielerorts die Untertanen oft genug über derartige Verschwendung – doch laut wurde solche Kritik selten. Einer der wenigen Kritiker ist – vielleicht nicht zufällig – ein Flame. Jan van Boendaele bemerkt in seiner Chronik vom Anfang des 14. Jahrhunderts trocken: »Kaatsen, Tanzen, Tournieren . . . war des Herzogs Lieblingsbeschäftigung.« Gemeint war Wenzel, Herzog von Brabant.

Doch zurück zu Philipp dem Schönen. Er setzte nach dem Gastspiel in Windsor seine Reise fort. In Burgos angelangt, führte er politische Gespräche – und spielte ausgiebig Tennis. Zu ausgiebig und zu hitzig. Er erkältete sich nach dem Spiel, und es ereilte ihn Ludwigs X. Geschick. So verkürzte Philipps Tennisleidenschaft seine Regierungsdauer auf zwei Monate. Auch der traurige Fall Karls VIII. von Frankreich (1483–98; geb. 1470) soll nicht unerwähnt bleiben. Im Schloß Amboise geboren, starb er auch dort: Auf dem Weg zum Tennisplatz rannte er sich an einem Türpfosten den Schädel ein.

Tennisbegeisterung war schon im Mittelalter erblich, ob es sich nun um einen Bäcker oder um einen Grafen handelte. Ein Beispiel aus der Aristokratie: Johann II., König von Frankreich (1350–64; geb. 1319), sein Sohn, Karl V. (1364–80; geb. 1338), und sein Enkel, Karl VI. (1380–1422; geb. 1368) – alle drei Herrscher frönten dem *jeu de paume* bis zur völligen Verschuldung.

Die tennisbegeisterten Franzosen und Flamen machten das Spiel außerhalb ihrer Heimat bekannt. Donato Velluti berichtet in seiner *Cronaca Domestica*, daß französische Ritter, die sich auf einem Feldzug befanden, 1325 in Florenz Tennis spielten und es so in Italien einführten.

Auf den britischen Inseln taucht das Spiel seltsamerweise zuerst in Schottland auf: gegen Ende des 13. Jahrhunderts, also geraume Zeit, bevor es im Verlauf des 14. Jahrhunderts auch in England heimisch wird. Des Rätsels Lösung: Die Bindungen zwischen Schottland und Frankreich waren bereits damals sehr eng. Überdies war die Mutter des zu jener Zeit regierenden schottischen Königs Alexander III. (1249–86; geb. 1241), Marie de Couci, französischer Herkunft.

In Deutschland begegnet uns das Tennisspiel später. Erste Nachrichten darüber sind aus der Mitte des 15. Jahrhunderts erhalten. Offenbar gelangte das Spiel aus Flandern und Brabant zunächst in das nahe Rheinland, wo es dementsprechend *kaetschen* (aus niederländisch *caetsen*) genannt wird.

Der Phalanx Tennis spielender Aristokraten steht – Republikaner und Feministinnen können aufatmen – als einzige eine Frau bürgerlicher Herkunft gegenüber: Margot aus dem Hennegau, der erste Tennisprofessional. Sie wurde 1402 in Mons geboren – einer der vielen Hochburgen des *jeu de paume* in jener Region. Verfolgen wir ihre – für mittelalterliche Verhältnisse – einzigartige Karriere.

Sie ist bereits mit zwanzig Jahren als Tennisspielerin berühmt. Philipp der Gute, prunk- und spielliebender Herzog von Burgund und begeisterter Spieler des *jeu de paume*, erfährt von der talentierten Margot. Wie sich auch heute Politiker gerne mit Spitzensportlern umgeben, verpflichtete Philipp im Jahre 1427 die junge Frau für eine Art Dienstreise nach Paris: Dort sollte sie in seinem Gefolge den Ruhm des burgundischen Hofes mehren helfen. Dies ist ihr offenbar gelungen. In mehreren zeitgenössischen Berichten werden ihre Erfolge geschildert, die sie über männliche Gegner errang. Geben wir einem der Chronisten das Wort:

Sie spielte eine sehr starke Vor- und Rückhand. Dies erregte in Frankreich großes Aufsehen . . . Man wollte sie dazu überreden, in Männerkleidern zu spielen, da dies bequemer sei – doch das lehnte sie ab. Sie kehrte in den Hennegau mit einer hübschen Geldsumme zurück, die sie mit dem *jeu de paume* verdient hatte. Später hielt sie sich in Flandern und Brabant auf. Schließlich wurde sie Nonne in einem Kloster bei Namur: Sie war nie verheiratet und immer noch Jungfrau.

DAS GOLDENE ZEITALTER

Zu Recht ist das 16. und 17. Jahrhundert das Goldene Zeitalter des Tennis genannt worden. Was sich bereits im 15. Jahrhundert abzeichnete, wird nun sehr deutlich: Auch wenn es sich nach wie vor in adligen Kreisen größter Beliebtheit erfreut, ist das *jeu de paume* – gleich welcher Variante – zu einem Volkssport geworden. Trotz der bekannten und immer wieder neu ausgesprochenen Verbote wird Tennis nun in zunehmendem Maße von Bürgern, Bauern und Studenten gespielt. In den Städten entstehen immer mehr Spielplätze – offen oder überdacht. Oft – vor allem auf dem Lande – behilft man sich und spielt auf Straßen und Plätzen. Jede gesellschaftliche Gruppe frönt dem Tennis auf ihre Weise: in der luxuriösen Umgebung eines Schlosses, in einem eigens angelegten Gebäude – oder auf der grünen Wiese. Aus dieser soziologischen Differenzierung haben sich unterschiedliche Spielarten des Tennis entwickelt: Hier bestimmen ökonomische Bedingungen – der Satz geht an Karl Marx – gesellschaftliche Erscheinungen. Wir sehen uns die Tennisfans des 16. und 17. Jahrhunderts und die Orte, an denen sie spielten, genauer an.

Wie bereits früher wird auch in dieser Zeit die Spielerliste von zahlreichen Königen angeführt – französischen und englischen. Wir versagen uns langweilige Vollständigkeit der Aufzählung – doch einiges ist der Erwähnung wert.

Der vitale, prachtliebende französische König Franz I. (1515–47; geb. 1494) war auch ein begeisterter Tennisspieler. In die meisten seiner Residenzen ließ er – zuweilen sogar mehrere – Courts einbauen.

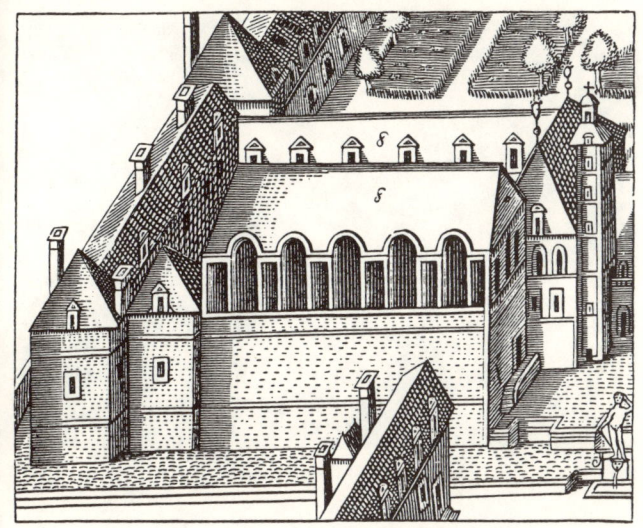

Abb. 4: Die beiden *Jeux de Paume* im Schloß von Fontainebleau. (Die Ziffer 8 bezeichnet jeweils einen bedachten und
einen Freiluft-Platz.)

Diesen Tennisnarren verlangte nach seinem Sport, auch
wenn er keinen festen Boden unter den Füßen hatte. Er
war wohl der erste, der ein Spielfeld auf einem Schiff
anlegen ließ. In Le Havre lief 1533 die riesige, achtzig
Meter lange *La Grande Françoise* vom Stapel – mitten auf
dem Oberdeck befand sich ein Tennisplatz, durch ein
Sonnensegel vor der Sonne geschützt. In neuerer Zeit
sind ähnliche Courts auf Passagierschiffen – wenn auch
in bescheidenerer Ausstattung – nicht selten anzutreffen.
(Abb. 5)
Die Söhne Franz I. erbten die Tennisbegeisterung von
ihrem Vater. Während der älteste – ähnlich wie Ludwig
X. – an den Folgen einer Erkältung nach einem Match bereits als Achtzehnjähriger starb, hatte sein Bruder länge-

Abb. 5: Tennis auf der *Serapis* (ca. 1874).

re Zeit Gelegenheit, dem *jeu de paume* zu huldigen. Als
späterer König Heinrich II. (1547–59; geb. 1519) trat er
zum Spiel ganz in Weiß mit Weste und Strohhut an. Seit
jener Zeit kann man füglich vom »weißen Sport« reden.
Doch auch an Heinrich II. bewahrheitete sich Sir
Winston Churchills Behauptung, Sport sei ungesund: Er
starb an den Folgen eines Lanzenstichs bei einem
Turnier.
Sein Sohn, der spätere König Karl IX. (1560–74; geb.
1550), ist ebenfalls in die Sportannalen eingegangen: als
zweijähriger – und damit wohl jüngster – Tennisspieler
(zumindest Schlägerhalter) der Geschichte. *(Tafel 2)*
Seine Mutter, die umstrittene Katharina von Medici, ließ
es sich nicht nehmen, eine Haarmode zu kreieren, die
von der diagonalen Saitenbespannung der damaligen
Tennisschläger inspiriert war und daher *coiffure en
raquette* hieß: Das Tennisspiel beginnt, alle möglichen
Lebensbereiche zu beeinflussen.

Der Nachfolger Karls IX., sein Bruder Heinrich III. (1574–89; geb. 1551), schlug aus der Art: Er trug gern Frauenkleider. Daß er deswegen zum Tennisspielen nicht taugte – wie ein Sporthistoriker behauptet –, ist nur eine Vermutung.

Am schönen Geschlecht war Heinrich IV. (1589–1610; geb. 1553) interessiert. Dies ließ er auch bei seinen häufigen Tennismatches gern und deutlich erkennen. Sein Spiel wurde von den zuschauenden Damen bewundert – und Seine Majestät revanchierte sich öfter mit Küssen und anderen Artigkeiten, auf dem Spielplatz und vor aller Augen ausgeteilt. Sein Charme hinderte ihn jedoch nicht daran, die Gewinne aus dem *jeu de paume* auf der Stelle zu kassieren, damit sie nicht spurlos in der Staatskasse verschwänden. Mit ähnlicher Unerbittlichkeit trieb im übrigen auch sein englischer Namensvetter, Heinrich VIII., die Spielgewinne ein und verfolgte seine Schuldner mit Gerichtsverfahren.

Ähnlich wie Heinrich IV. war 50 Jahre später ein anderer aristokratischer Tennisnarr während seiner Spiele von Verehrerinnen umlagert: der Herzog von Beaufort. Am 14. Mai 1649 sollen nicht weniger als 2 000 Pariser Marktfrauen in das Ballhaus geströmt sein, wo ihr Idol spielte. Diese Zahl erscheint allerdings zu hoch gegriffen. Vielleicht hat der Chronist hier einen sozialen Multiplikator eingeführt, um den Leser zu beeindrucken – etwa: 100 Marktfrauen = 1 Dame.

Schließlich sei hier noch der Sohn Heinrichs IV., Ludwig XIII. (1610–43; geb. 1601), erwähnt: Er war bereits als Knabe regelmäßig auf einem der zahlreichen Spielplätze in Paris anzutreffen und nutzte auf seinen Reisen jede Gelegenheit zum Spielen. Auch mehrere Unfälle konnten ihn nicht von seiner Leidenschaft abbringen: Einmal

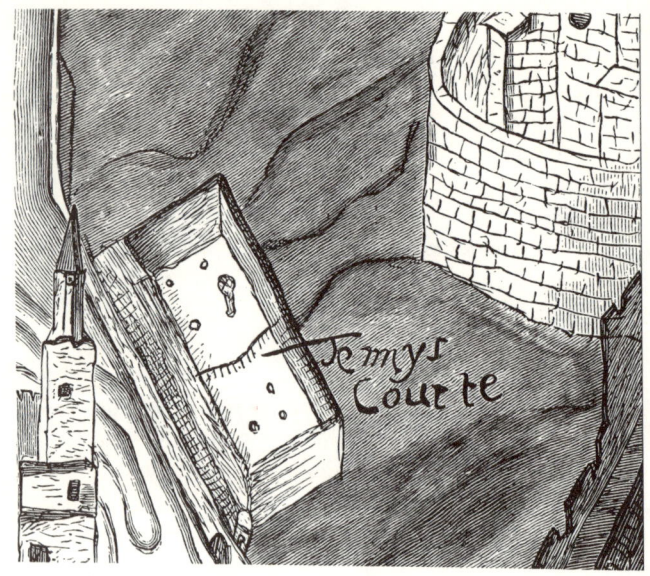

Abb. 6: Der Tenniscourt im Schloß von Windsor
(Zeichnung von John Norden aus dem Jahre 1607).

lädierte ein Ball seine Zähne, ein anderes Mal sein rechtes Auge. Doch sein sportlicher Eifer konnte nicht verhindern, daß er bereits als Siebenundzwanzigjähriger einen Gichtanfall erlitt – und dies ausgerechnet während eines Tennisspiels.

Auch bei den Engländern hatte die Tennisbegeisterung im 16. Jahrhundert einen Höhepunkt erreicht. Ein leidenschaftlicher Spieler – im zweifachen Sinne – war Heinrich VIII. (1509–47; geb 1491). Er besaß mindestens acht Schläger, deren Gebrauch damals aufkam.

Oft spielte er um hohe Einsätze. An einem einzigen Tag – dem 22. Oktober 1532 – verlor er beim Tennis 46 Pfund und beim Würfelspiel gar 116 Pfund. In nur drei Jahren bezahlte er aus seiner Privatschatulle 3 250 Pfund für Spielschulden. Im wohl prominentesten Match der Tennisgeschichte stritt er 1522 mit Kaiser Karl V. gegen den Prinzen von Oranien und den Markgrafen von Brandenburg. Ihm standen zahlreiche Tennisplätze zur Verfügung – so in Richmond, Greenwich, Windsor, Hampton Court. *(Abb. 6)*

In Whitehall ließ er nicht weniger als vier Courts einbauen. Seinen Tennis spielenden Untertanen jedoch machte er das Leben schwer. Nur Adlige und Bürger mit einem Einkommen über 100 Pfund durften ohne Genehmigung einen Tennisplatz unterhalten – die anderen mußten eine Lizenz erwerben.

Bevor er sich später zum unförmigen Dickwanst entwickelte und sich mittels Flaschenzug in den Sattel hieven lassen mußte, war er ein schöner, stattlicher Mann. Venedigs Botschafter – als Italiener ein Augenmensch – beschreibt im Jahre 1519 den neunundzwanzigjährigen Monarchen:

> Er liebt Tennis über alles. Ihn spielen zu sehen, ist der schönste Anblick der Welt – wenn seine helle Haut durch das feine Gewebe des Hemdes schimmert.

Heinrichs VIII. Tochter, Elisabeth I. (1558–1603; geb. 1533) war wie ihr Vater dem Tennis zugetan – doch nur als Zuschauerin.

Auch die schottischen Herrscher – wie zum Beispiel Jakob V. (1513–42; geb. 1512) – förderten den weißen Sport. Jakob VI. (1567–1625; geb. 1566) begründet in seinem *Basilikon Doron* (1598) den Nutzen des Tennissports. Dort rät er seinem Sohn, dem damals vierjährigen Prinzen Heinrich:

Ich glaube, daß Leibesübungen für einen jungen Prinzen sehr zu empfehlen sind, sofern sie seine Geschicklichkeit fördern und seine Gesundheit bewahren. Obwohl ein König am vordringlichsten seinen Geist üben soll, da dieser sonst einrostet und abstumpft, sind körperliche Übungen und Spiele sehr zu empfehlen: Sie vertreiben die Trägheit, Mutter allen Übels, und härten den Körper gegen Strapazen ab . . . Von diesen nehme ich jedoch lärmende, heftige Spiele wie Fußball aus . . . Die Übungen, die ich dir mit Maßen auszuüben empfehle, sind: Laufen, Springen, Ringen, Fechten, Tanzen und Tennis.

Diese königlichen Ratschläge sind nicht die ersten ihrer Art. Bereits im Mittelalter hatte man bisweilen Tennis nicht nur für einen vergnüglichen Zeitvertreib gehalten, sondern auch als nützliche Leibesübung erkannt und beschrieben. Zu Anfang des 15. Jahrhunderts hatte Christine von Pisa in ihrem für den französischen Dauphin bestimmten *Livre du corps de policie* empfohlen, *jeu de paume* zu spielen – »mais que ce soit sans trop et que mesure y soit gardée« (doch ohne Übertreibung und in Maßen).

Ein Jahrhundert später preist der Humanist Erasmus von Rotterdam in seinen *Colloquia Familiaria* (1533) die gesundheitsfördernde Wirkung des *jeu de paume* – besonders im Winter:

Nulla res melius exercet omnes corporis partes, quam pila palmaria, sed aptior hiemi quam aestati.

(Nichts übt alle Teile des Körpers besser als das Tennisspiel – doch eher im Winter als im Sommer.)

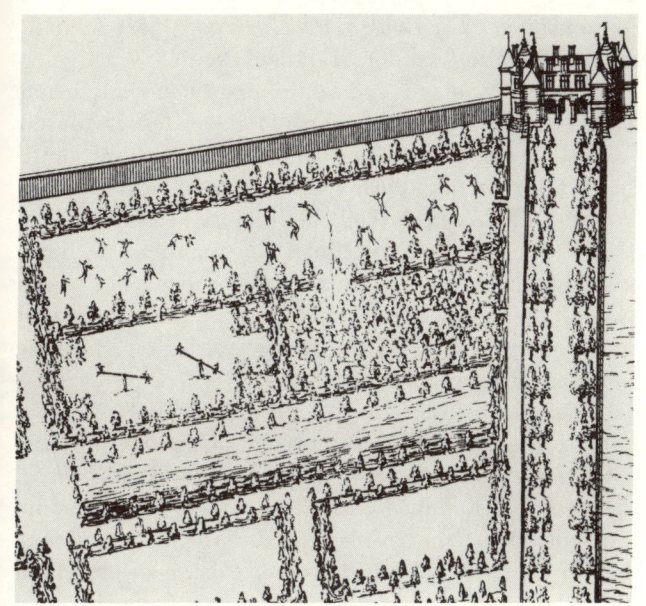

Abb. 7: Gymnastik im Park von Fontainebleau
(nach einem Stich von J.A. Ducerceau).

In seinen Statuten für die Zunft der *maîtres paumiers*
(1571) betont der französische König Karl IX., wie gesund
dieses Spiel sei – für »Könige, Adlige, Herren und andere
vornehme Personen, die es betreiben«.

Überhaupt war in der Renaissance zumindest die Ober-
schicht gesundheitsbewußter als wir gemeinhin annehmen. Auf einer bemerkenswerten zeitgenössischen Darstellung des Parks von Fontainebleau (1571) sieht man
zahlreiche Personen bei Sport und Spiel – unter anderem
bei kollektiven gymnastischen Übungen, die man eher
von deutschen Seebädern her kennt.

Doch zurück nach England. Wie andere Zeitgenossen rät
Thomas Elyot in seinem Heinrich VIII. gewidmeten

Fürstenspiegel *The Book of the Governor* (1531) zu maß-voller Betätigung auf dem Tennisplatz.

Derartige Ratschläge sind von einigen der königlichen Racket-Schwinger leider nicht befolgt worden. Zu diesen Tennisbegeisterten gehörte auch der bereits erwähnte Prinz Heinrich, der älteste Sohn Jakobs VI. »Im Tennis«, so stellt sein Biograph 1760 tadelnd fest, »kannte er kein Maß . . . Oft spielte er drei oder vier Stunden.« Daß der achtzehnjährige Heinrich trotz hohen Fiebers ein langes Match – in Hemdsärmeln – bestritt und kurz darauf an den Folgen solchen Leichtsinns starb, sei hier als warnendes Beispiel berichtet.

Sein jüngerer Bruder, der spätere Karl I. (1625–49; geb. 1600), erhielt früh Tennisunterricht – von einem gewissen John Webb, *Master of His Majesty's Tennis Plays.* 1649 wurde der unglückliche Karl I. hingerichtet, und die Puritaner übernahmen bis 1660 die Macht. Als bilder-, theater-, spielfeindliche Rigoristen hielten sie auch vom Tennis nichts. Unter Cromwells Herrschaft wurden viele Spielplätze militärisch genutzt. Der Tennissport kam zwar nicht zum Erliegen, wurde jedoch empfindlich eingeschränkt.

Andererseits fand in jener Zeit – gewissermaßen als Ausgleich – das Tennis seinen Weg in die Neue Welt. Der erste Beleg für das Spiel in Amerika stammt aus dem Jahre 1659 und ist – wie so oft – in einem Verbot enthalten: Dieses wurde von Peter Stuyvesant, dem Gouverneur von New York, erlassen, um die Würde eines religiösen Feiertages zu schützen.

Der exilierte englische Königshof spielte unterdessen in Frankreich *jeu de paume.* Mit der Wiederherstellung der englischen Monarchie im Jahre 1660 und der Rückkehr der Königsfamilie nach England erlebte das Spiel auf der Insel eine neue Blüte. Dafür sorgte vor allem Karl II.

28

THE HIGH BORNE PRINCE IAMES DVKE OF YORKE
borne October = the 19. 1633.

M. Merian l.

Abb. 8: Der spätere König Jakob II. als Achtjähriger
auf dem Tenniscourt von Whitehall.

(1660–85; geb. 1630), der »merry monarch«. Er war lebenslustig und athletisch: Davon zeugen seine vierzehn unehelichen Kinder und sein frühes Tennisspiel ab fünf Uhr morgens. Der unschätzbare zeitgenössische Chronist Samuel Pepys erwähnt häufig des Königs Leidenschaft für den weißen Sport. Er berichtet auch, daß der unsolide, doch nicht immer ungesund lebende Monarch sich nach dem Spiel wiegen ließ. »Heute verlor er vier Pfund«, lesen wir in Pepys' Tagebuch unter dem 2. September 1667. Der königliche Tennisliebhaber ließ sich sogar ein Schlafzimmer am Court einrichten.

Und schließlich sei auch noch Karls II. jüngerer Bruder, Jakob II. (1685–88; geb. 1633), erwähnt. Von ihm ist eine Abbildung aus dem Jahre 1641 erhalten. *(Abb. 8)* Diese zeigt ihn als Achtjährigen auf dem königlichen Tenniscourt von Whitehall – in ziemlich unzweckmäßiger Kleidung.

Die Liste der Tennis spielenden königlichen Hoheiten ist lang und eindrucksvoll, und die Zahl der Tennisplätze in Schlössern und anderen Adelsresidenzen wuchs seit dem 16. Jahrhundert ständig.

Oft wurden eigens Gebäude errichtet – »Tennishallen« sagen wir heute. Früher nannte man sie »Ballhäuser«, weil in ihnen ein Ballspiel betrieben wurde – nicht weil dort Bälle stattfanden.

Einige dieser Ballhäuser haben über den sportlichen Bereich hinaus Berühmtheit erlangt: Im *Jeu de Paume* von Versailles leiteten am 20. Juni 1789 die Generalstände mit ihrem Schwur – dem berühmten »Ballhaus-Schwur« – die Französische Revolution ein; das Gebäude wurde zwei Jahre später vom Konvent zum Nationaldenkmal erklärt. *(Tafel 7)*

Das in Wien 1525 begründete kaiserliche Ballhaus wurde 1754 von Maria Theresia neu erbaut und bis 1855 benutzt;

Abb. 9: Das Ballhaus in Coburg, erbaut für Herzog Johann Casimir von Sachsen (nach einem Stich von Johann Dürr, 1632).

das Regierungsviertel in der Nähe dieses Gebäudes wird daher oft »Ballhausplatz« genannt.

Ein anderes kaiserliches Ballhaus befand sich in Prag. Es war um die Mitte des 16. Jahrhunderts für Ferdinand I. (1556–64; geb. 1503) errichtet worden – einen Sohn des bereits erwähnten tennisbegeisterten Philipp I. von Kastilien. 1604 spielte dort kein Geringerer als Wallenstein, der kurz zuvor in den Dienst Habsburgs getreten war.

Das 1629 vollendete Coburger Ballhaus zeigt, daß man auch in Deutschland nach französischem Vorbild prächtige Gebäude errichtete, in denen Tennis gespielt wurde.

Die Aristokratie blieb während des 16. und 17. Jahrhunderts im Tennis tonangebend, was auch von den anderen gesellschaftlichen Gruppen so gesehen wurde.

Abb. 10: Französische Höflinge beim Tennisspiel (aus einem Emblembuch des Guillaume de la Perrière, 1539).

Noch 1658 bezeichnet Comenius in seinem *Orbis Sensualium Pictus* Tennis als »eine adlige Spielübung zur Bewegung des Leibes«. *(Abb. 11)*

Obwohl es nach wie vor Verbote und Einschränkungen gab, wurde Tennis von immer mehr Menschen der verschiedensten sozialen Herkunft gespielt. Darüber berichten die zeitgenössischen Quellen deutlich, wenn auch nicht so ausführlich wie über die Aktivitäten des Adels. So schreibt der Franzose Estienne Perlin 1558 über die Verhältnisse in England und Schottland:

Hier spielten Handwerker (wie Hutmacher oder Schreiner) Tennis um eine Krone Einsatz – dies ist anderswo nicht üblich, zumal nicht an einem Werktag.

Ludus Pilæ.

Das Ballſpiel.

In *Sphæriſterio*, 1	Im Ballhaus / 1
luditur	ſchlägt man
Pilâ, 2	den Ballen / 2
quam	welchen
alter	der eine
mittit,	zuſchläget /
alter	der andre
excipit	empfähet
& remittit	und zurückſchläget
Reticulo; 3	mit dem Racket; 3
idq́; eſt	und dieſes iſt
Luſus Nobilium,	eine Adeliche Spielübung/
ad commotionem	zu Bewegung
corporis.	des Leibes.
Follis (pila magna) 4	Der Ballon/ 4
aëre diſtenta	aufgeblaſen
ope *Epiſtomii*,	vermittelſt des Ventils/
ſub dio	wird unter freyem Himmel
Pugno 5	mit der Fauſt 5
reverberatur.	geſchlagen.

Abb. 11: Beſchreibung des Tennisspiels in Comenius' *Orbis Sensualium Pictus* (1658).

Und der Engländer Sir Robert Dallington berichtet im Jahre 1598 über die spielwütigen Franzosen:

Hier spielt man mehr Tennis als in der gesamten übrigen Christenheit. Davon zeugen die zahllosen Courts im ganzen Land. Es gibt nicht die kleinste Stadt, die nicht einen oder zwei besitzt. Orléans hat sechzig, und Paris mehrere hundert. Wenn es an anderen Orten genauso viele gibt, kommen in Frankreich auf eine Kirche zwei Tennisplätze.

Nicht nur die Verbreitung des Tennis beeindruckt den englischen Beobachter, sondern dessen Spielniveau:

Es ist erstaunlich, wie gut sie hier spielen. Fast möchte man glauben, daß sie mit dem Schläger in der Hand geboren werden. Selbst die Kinder beherrschen das Spiel gut, und auch einige ihrer Frauen, wie ich es in Blois sehen konnte.

Tatsächlich werden seit dem 15. Jahrhundert in den wichtigsten Tennisländern – Frankreich und England – immer mehr Spielplätze angelegt, die privat betrieben werden und jedermann offenstehen. Die zeitgenössischen Zahlenangaben sind lückenhaft und nur teilweise zuverlässig – immerhin zeigen sie die Größenordnung richtig an. Für Paris am Ende des 16. Jahrhunderts werden zwischen 250 und 1800 Plätze angegeben, für Orléans – wie oben bemerkt – sechzig. In London gab es um das Jahr 1620 vierzehn solcher Plätze.

Im deutschen Sprachgebiet ist die Zahl der Tennisplätze außerhalb von Adelsresidenzen vergleichsweise gering. Derartige Häuser wurden während des 16. und 17. Jahrhunderts in Frankfurt, Nürnberg, Halle, Leipzig und anderen deutschen Städten gebaut. Ihre Gesamtzahl wird auf etwa fünfzig geschätzt.

Nicht nur Adlige und Bürger, sondern auch die Studenten begeisterten sich für das Tennisspiel. In Oxford und Cambridge unterhielten mehrere Colleges eigene Plätze: Cambridge brachte es im 16. und 17. Jahrhundert auf etwa vierzehn solcher Anlagen. Wie in jedem Tennisclub mußten bereits damals bestimmte Spielzeiten eingehalten werden. Im Emmanuel College Cambridge ruhte der Spielbetrieb während 1 und 3 Uhr nachmittags sowie 8 Uhr abends bis 3 Uhr morgens – »es sei denn, einer der Professoren möchte spielen«.

In französischen Universitätsstädten standen der akademischen Jugend meist zahlreiche Plätze für das geliebte *jeu de paume* zur Verfügung. So gab es in Poitiers zweiundzwanzig, in Orléans zu Beginn des 16. Jahrhunderts gar vierzig. Die studentische Tennisbegeisterung nahm solche Formen an, daß darunter die Ernsthaftigkeit der Studien zu leiden drohte.

Ein anschauliches – wenn auch satirisch überspitztes – Bild der studentischen Aktivitäten zeichnet Rabelais in seinem Roman *Gargantua und Pantagruel*. Im Ersten Buch (1532) läßt er in einer Art akademischer *tour d'horizon* den jungen Pantagruel an verschiedene französische Universitäten gelangen. In Orléans – so bemerkt Pantagruel recht bald – wird weniger studiert als *jeu de paume* gespielt. Für die dortigen Lizenziaten der Jurisprudenz verfaßt er daher einen passenden Wahlspruch:

> Un esteuf en la braguette,
> En la main une raquette,
> Une loi en la cornette,
> Une basse danse au talon –
> Vous voilà passé coquillon.

(Einen Tennisball in der Tasche,
In der Hand ein Racket,
Ein Gesetz unterm Talar,
Einen Tanz in den Beinen –
Und schon habt Ihr den Doktorhut.)

1556 ließ daher der Herzog von Orléans die Hälfte der Spielplätze schließen. Auch Professoren vernachlässigten ihre Pflichten und hatten sich völlig dem weißen Sport ergeben. In den Annalen des Merton College Oxford findet sich unter dem Jahr 1492 der folgende Tadel: »Professor Holt spielt Tennis – und dies in der Öffentlichkeit. Kommt zu spät in die Kirche.« Ein Jahr später schied dieser Holt aus dem College – ein Opfer seiner Spielleidenschaft?

Ein guter Tennisspieler genoß unter seinen Kommilitonen hohes Ansehen. So charakterisiert John Earle in seiner *Micro-Cosmographie* (1628) einen Studenten: »Zwei Dinge weisen ihn als fortgeschritten aus: sein Samt-Talar und sein Können im Tennis. Sobald er einen Satz spielen kann, ist er kein *freshman* mehr.«
Auch aus dem deutschen Bereich liegen Berichte über akademische Tennisaktivitäten vor. Immer wieder wird die Nützlichkeit dieser Leibesübung betont: *mens sana in corpore sano*. In Ingolstadt wird 1594 ein Ballhaus für die Studenten errichtet – »zur Unterhaltung und zweckmäßigen Leibesübung«. Die lateinischen Verse unter einer Darstellung Tennis spielender Studenten in Straßburg (1618) geben das alte Anliegen in klassischen Distichen wieder:

Retia dum pilulam faciunt hinc inde volantem,
    Exercet iuvenis corpus et ingenium.

Nam pila restaurat malesano in corpore vires,
  Torpet at assiduis obruta mens studiis.
(Wenn sie mit dem hin- und herfliegenden Tennisball
                                    spielen,
Üben die Jünglinge Körper und Geist.
Denn das Ballspiel stellt die Kräfte in einem kranken
                                    Körper wieder her;
Aber in fortwährenden Studien vergraben,
                                    erstarrt der Geist.)

In Tübingen hatten die Studenten Gelegenheit, das Ballhaus des *Collegium Illustre,* einer Ritterakademie, mitzu-
benutzen. In einer Art Studienplan für dieses *Collegium*
trennt Herzog Johann Friedrich übrigens säuberlich
adlige von bürgerlichen Sportarten – eine Unterschei-
dung, die ja Grundlage der frühen Tennisverbote für
Nichtadlige war. Neben »gewöhnliches Büchsen- und

Abb. 12: Tennis spielende Studenten in einem Straßburger
Ballhaus Anfang des 17. Jahrhunderts (aus dem *Speculum
Cornelianum* des Jacob von der Heyden, 1618).

Abb. 13: *Jeu de paume* – mit Holzschlägern gespielt
(16. Jahrhundert).

Abb. 14: *Jeu de paume* – mit saitenbespannten Rackets
gespielt (1667).

Armbrustschießen« stellt er »Ritter- und Hofexercitien, alß Reitten, Fechten, Pallspielen, Dantzen«. *(Tafel 4)*
In den Ballhäusern der Adligen, Bürger und Studenten spielte man Tennis – mit Komfort. An vielen Orten jedoch fand dieses Spiel unter wesentlich einfacheren Bedingungen statt. Man spielte auf einem Platz oder einer Straße (möglichst ohne Durchgangsverkehr). Für das im alten Tennis notwendige Schrägdach ersannen findige Spieler Ersatzlösungen. So konnte man zum Beispiel das benötigte Dach an der Vorderfront eines Hauses anbringen. *(Abb. 13, 14)*
Schließlich haben Tennis spielende Landleute noch zu einem anderen Behelf für das erforderliche Dach gegriffen: einem auf drei Holzpflöcke gestellten, umgedrehten Getreidesieb – französisch *tamis*. Diese Lösung erwies sich als sehr praktisch: Das überall verfügbare und transportable Sieb machte die Spieler von festen Spielplätzen unabhängig. Eine Weiterentwicklung dieses Spiels mit einem Sieb hat sich bis heute als *jeu de tamis* in Nordfrankreich und im Hennegau erhalten. *(Abb. 15)*

Ein Volkssport hat natürlich auch ökonomische Aspekte. Es entsteht ein Markt, auf dem Produkte und Dienstleistungen nachgefragt werden: Bälle und Rackets, aber auch Lehrer und Lehrbücher.
Der Tennisball früherer Zeiten ist mit dem heutigen, nur 56,7–58,7 Gramm wiegenden, nicht zu vergleichen. Er war meist hart – er mußte ja auf festem Boden sprungfähig sein, ohne daß die Vorteile eines Hohlgummiballs verfügbar waren.
Die besten Bälle enthielten einen Kern aus Wolle oder Haar. Sie wurden im Französischen dementsprechend *esteufs* genannt – aus lateinisch *stuppa* (›Werg‹ o.ä.). Daneben wurden auch minderwertige Bälle herge-

Abb. 15: *Jeu de tamis* der Landleute – das Sieb ist unten links zu erkennen (Beaumont im Hennegau, 1598).

stellt, die mit Sand, Erde oder gar Metallspänen gefüllt waren.

Kein Wunder, daß es zu zahlreichen – mitunter tödlichen – Unfällen kam. Gefährdet waren nicht nur die Spieler, sondern auch die Zuschauer. In einem Gedicht des Jahres 1641, das die damaligen Verhältnisse in den Ballhäusern wiedergibt, trifft der Ball einen in der ersten Reihe sitzenden, pausenlos rauchenden Spanier: Zur Freude der anwesenden Nichtraucher schlägt ihm das Projektil die Vorderzähne aus und zerschmettert ihm die Nase. Wohl erst seit der Mitte des 18. Jahrhunderts schützte man die Zuschauer: Vor ihre Plätze in den seitlichen Galerien und im rückwärtigen *dedans* wurden Netze gehängt.

Im England des 16. und 17. Jahrhunderts wurden die Tennisbälle vorzugsweise mit dem Haupt- und Barthaar gefüllt, um das die Barbiere ihre Kunden in großen Mengen zu erleichtern pflegten: Auf diese Bezugsquelle spielen viele zeitgenössische Autoren an – darunter auch Shakespeare. In *Viel Lärm um Nichts* (3. Akt, 2. Szene) verspotten Don Pedro und Claudio den offenbar verliebten und daher eitel gewordenen Benedick:

Don Pedro: Hath any man seen him at the
barber's?
Claudio: No, but the barber's man hath
been seen with him; and the old
ornament of his cheek hath already
stuff'd tennis-balls.
Leonato: Indeed, he looks younger than he
did, by the loss of a beard.

(Don Pedro: Hat ihn jemand beim Barbier gesehn?
Claudio: Nein, wohl aber des Barbiers Diener
bei ihm; und die alte Zier seiner
Wangen dient schon dazu, Bälle zu
stopfen.
Leonato: In der Tat, er sieht um einen Bart
jünger aus.)

Einen solchen mit Haar gefüllten Lederball fand man übrigens im Dachgebälk von Westminster Hall.
Marktbeherrschend bei Tennisbällen waren lange Zeit die Franzosen – zum Ärger der englischen Hersteller, die sich über die beträchtlichen Importe aus Frankreich beklagten. Trotz der Proteste – und beträchtlicher Einfuhrzölle – wurden zum Beispiel im Jahre 1559 Tennisbälle im Wert von etwa 1700 Pfund aus dem Ursprungsland des *jeu de paume* eingeführt. Dort wurde seit dem Ende des 16. Jahrhunderts die Hülle aus Leder oft durch eine aus

Tuch ersetzt. Weiße Bälle wurden schon sehr früh wegen der besseren Sichtbarkeit bevorzugt. Aus demselben Grunde waren im übrigen die Wände der Tennisplätze oft schwarz angestrichen – wie es bis heute beim *real tennis* üblich ist.

Beim *jeu de paume* wurden (wie gesagt) die Bälle zunächst mit der – manchmal durch einen Handschuh geschützten – Hand geschlagen. In einigen Varianten dieses Spiels ist dies bis heute so geblieben – zum Beispiel bei dem flämischen *Kaatsen.* Gegen Ende des 15. Jahrhunderts kommt der Gebrauch von Tennisschlägern auf, die zunächst massiv aus Holz gefertigt oder wie Tambourins mit Pergament bespannt sind. Auf diese Weise wurden – so wird berichtet – bisweilen wertvolle Handschriften zweckentfremdet und zerstört.

Der wohl früheste Hinweis auf Tennisschläger findet sich in einem flämischen Text vom Ende des 15. Jahrhunderts. Dort ist die Rede vom »speelen met de raquetten«. Der Gebrauch eines Rackets setzt sich nur langsam durch: Noch Ende des 16. Jahrhunderts wird der Tennisball auch mit der Hand geschlagen. Zuweilen standen sich in einem Match Spieler mit und ohne Racket gegenüber; dem mit der flachen Hand Schlagenden wurde dann ein Handicap von – nur – einem Punkt gewährt. Wie ein Zitat aus den *Colloquia Familiaria* (1533) des Erasmus von Rotterdam zeigt, galt es in jener Zeit zuweilen als unfair, einen Schläger zu verwenden:

Nicolaus: Minus sudabitur, si ludamus reticulo.
Hieronimus: Imo reticulum piscatoribus relinquamus; elegantius est palma uti.

(Nikolaus: Wir schwitzen weniger, wenn wir mit einem *reticulum* spielen.

Hieronymus: Überlassen wir lieber das *reticulum*
den Fischern – korrekter und feiner
ist es, die Handfläche zu gebrauchen.)

Der Unterschied zwischen alter und neuer Spielweise
wird hier von Erasmus durch ein nicht übersetzbares
Wortspiel ausgedrückt (*reticulum* = ›Netz‹ und ›Racket‹.)

Unfaires Verhalten gröberer Art auf dem Tenniscourt
konnte in jener Zeit streng geahndet werden. So wurde
1541 ein gewisser Sir Edmund Knevet wegen Verprügelns
seines Gegners zum Verlust seiner rechten Hand verur-
teilt, dann allerdings begnadigt.
Über heftige Streitigkeiten, die auf dem Spielfeld vor
allem wegen unklarer, strittiger Regeln entbrennen,
wird oft berichtet: Ohrfeigen setzt es häufig – sie werden
durchaus auch von sonst eher vornehmen Personen ausgeteilt, so etwa von dem jungen Ludwig XII. (1498–1515;
geb. 1462).
Doch geschah auch Schlimmeres auf den Tennisplätzen:
Es kam zu Mord und Totschlag. 1551 endet in Mons, der
alten Hochburg des *jeu de paume*, ein Streit zwischen zwei
Spielern tödlich. Und der berühmte Maler Caravaggio
(1573–1610) mußte 1606 aus Rom fliehen, da er seinen
Tennispartner nach einem Streit – mit dem Racket? – er-
schlagen hatte . . .

Seit dem Anfang des 16. Jahrhunderts, als die Schläger
erstmals mit Darmsaiten bespannt wurden, hat sich
bis heute an deren Konstruktion einiges verändert. Der
Griff ist wesentlich länger, der Schlägerkopf oval
und die Saiten werden nicht mehr diagonal bespannt,
sondern senk- und waagerecht zum Griff. Bis zur
Mitte des 19. Jahrhunderts waren die waagerechten Sai-

Abb. 16: Die Herstellung von Rackets und Tennisbällen im 18. Jahrhundert (aus Garsaults *Art du paumier – raquetier et de la paume*, 1767).

ten dünner als die senkrechten und wurden mit diesen verknotet und nicht – wie heute üblich – lediglich durchgezogen.

Die Hersteller von Tennisbällen und Rackets waren bereits früh in Gilden zusammengeschlossen. Aus Frankreich liegen darüber die meisten Informationen vor. Bereits um 1300 waren allein in Paris mehr als ein Dutzend *paumiers* tätig – Tennisprofis, die die benötigten Bälle herstellten, aber auch die Spielplätze betreuten. Diese *paumiers* gehörten zunächst der Zunft der Bürstenmacher an. Mit ihrer zunehmenden Bedeutung wurden sie selbstbewußter und gründeten in der Mitte des 16. Jahrhunderts eine eigene Organisation – die Zunft der *paumiers-raquetiers:* Mit den einfachen Bürsten- und Besenbindern wollten sie nichts mehr zu tun haben. Dementsprechend verwendeten sie für ihre Zunft ein neues Wappen, das ein von vier Tennisbällen umgebenes Racket zeigt:

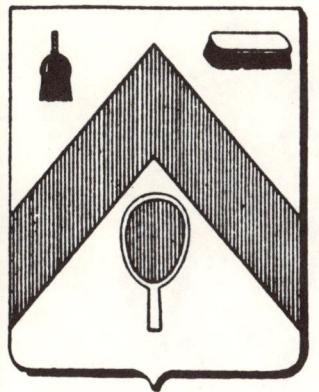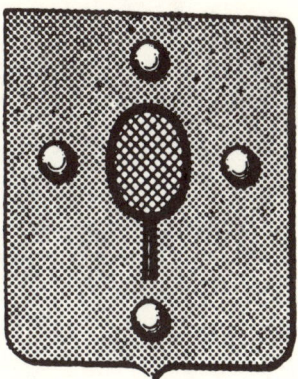

Abb. 17: Zunftwappen der Bürstenmacher und *paumiers* im
15. Jahrhundert (links) – und das der *paumiers-raquetiers* im
16. Jahrhundert (rechts).

Daß dennoch auch später die Berufe des *paumier* und des
brossetier oft gleichzeitig ausgeübt wurden, zeigt die
Abbildung 18.

Dieser stolze Handwerker ist mit sämtlichen Produkten
seines Fleißes behängt: Bürsten, Besen, Pinseln, Tennisschlägern – ein fürwahr beeindruckendes Sortiment.

In einer aus dem 16. Jahrhundert erhaltenen Zunft-
satzung der *maîtres paumiers-raquetiers* werden Aus-
bildung und Tätigkeit dieser Tennis-Handwerker minuziös geregelt. Die Lehrlingszeit betrug drei Jahre; danach konnte man als Geselle zum Meister aufsteigen.

Die Meisterprüfung erstreckte sich – den vielfältigen Auf-
gaben eines *paumier* entsprechend – auf mehrere Ge-
biete: Der Kandidat mußte Tennisbälle und Rackets herstellen können sowie zwei anerkannte Professionals im
Spiel besiegen.

Abb. 18: *Brossetier* und *paumier-raquetier* des 16. Jahrhunderts.

Die Öffnungszeiten der Tennisplätze waren genau festgesetzt – an Feiertagen und während des Hochamtes durfte nicht gespielt werden. Und eine gut gemeinte, doch wohl wirkungslose Vorschrift: Den Spielern durfte kein Geld geliehen werden.

Um dieselbe Zeit schätzt ein Beobachter der Tennis-Szene die Höhe der allein in Paris täglich gesetzten Beträge auf dreitausend Francs. Ein anderer Zeitgenosse gibt an, daß in Paris etwa siebentausend Menschen vom *jeu de paume* lebten: neben den *paumiers* besonders die Linienrichter, die sogenannten *naquets*. Deren Aufgabe war aufgrund der komplizierteren Spielregeln noch schwieriger als heute.

Darum waren sie auch besonders anfällig für Betrug und Bestechung. Das auf diese Weise schwindende Ansehen ihres Berufsstandes spiegelt sich in dem Wort, mit dem dieser im Französischen seit dem 16. Jahrhundert bezeichnet wird: *Naquet* bedeutete bald auch ›unterwürfiger Lakai, minderwertige Person‹; das daraus abgeleitete Verb *naquetter* war synonym mit ›katzbuckeln‹ und ›betrügen‹. So etwas tun die heutigen Linienrichter nicht – doch beschimpft werden auch sie.

Ebenfalls im 16. Jahrhundert wurden bereits spezielle Tennisschuhe hergestellt; sie waren meist absatzlos und oft mit Filz besohlt. Für den Neu- und Umbau von Tennisplätzen – besonders von Ballhäusern – wurden große Summen ausgegeben. Alles in allem: Das Tennisspiel war ein Wirtschaftsfaktor geworden.

Einen solch großen Markt ließen sich im 16. und 17. Jahrhundert auch Autoren und Verleger nicht entgehen: In jener Zeit werden mehrere Hand- und Lehrbücher des Tennisspiels veröffentlicht. Die Reihe der Publikationen wird nicht – wie man hätte erwarten können – von einem Franzosen oder Engländer eröffnet, sondern von einem

Italiener: dem Doktor der Theologie Antonio Scaino aus Salò am Gardasee. Er läßt im Jahre 1555 seinen *Trattato del gioco della palla* veröffentlichen, in dem neben dem *jeu de paume* – wie der Titel ankündigt – auch andere Ballspiele beschrieben werden, unter anderem das in Italien lange Zeit beliebte *pallone*. Das Tennisspiel jedoch zieht Scaino allen anderen Ballspielen vor:

> Es ist für Kinder, Jugendliche, Männer – ja auch für Ältere geeignet. Es erfreut gleichermaßen den Heiteren und den Melancholiker . . . Wie soll man die Gefühle des Glücks und der Befriedigung beschreiben, die ein Sieger nach einem langen und anstrengenden Kampf empfindet? Die Freude ist so groß, daß der Gewinner sie nicht verbergen kann und Luftsprünge vollführt.

In seinem Enthusiasmus läßt sich Scaino zu Geschichtsklitterungen hinreißen und verlängert die Liste prominenter Tennisspieler bis in die Antike zurück: Er reklamiert Julius Cäsar und Alexander den Großen für diesen schönen Sport. Eine bessere Tenniswerbung wäre auch heute kaum denkbar. Man könnte sie allenfalls durch einen wirkungsvollen Hinweis auf den alten Galen (129–199) ergänzen. Dieser neben Hippokrates bedeutendste Arzt der Antike soll bereits Tennis als gesundheitsfördernd empfohlen haben – eine bis ins 19. Jahrhundert immer wieder aufgestellte falsche Behauptung: Galen spricht nicht von Tennis, sondern allgemein von ›Ballspiel‹.

Scaino erörtert sehr detailliert alles für das Tennisspiel Wissenswerte: die Beschaffenheit des Platzes, der Bälle und des Rackets sowie Regeln und Taktik des Spiels. Doch kann auch er nicht die unterschiedlichen da-

maligen Gepflogenheiten vereinheitlichen: Es gab weder
Normen für die Größe des Spielfeldes oder des Schlägers
noch für das Gewicht des Balles. Scaino gibt seinem Text
einen Grundriß des Tennisplatzes im Louvre bei, der mit
einer Fläche von etwa 37 × 12½ Metern offenbar sehr
groß war:

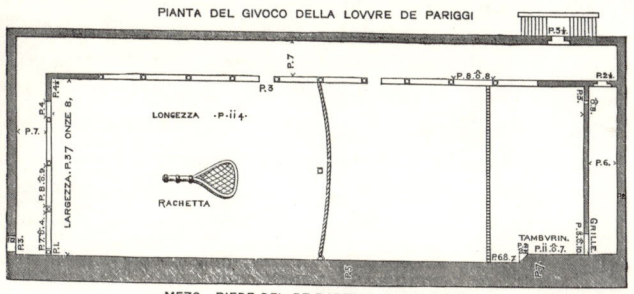

Abb. 19: Grundriß des Tennisplatzes im Louvre (aus Scainos
Trattato, 1555).

Immerhin kann man aus den Rekonstruktionen anderer
Tennisplätze jener Zeit schließen, daß deren Größe oft
etwa 29 × 9 Meter betrug – also einige Quadratmeter
mehr als die heutigen Courts mit ihren 23,77 × 8,23
Metern.
Zwei Arten von Bällen waren damals in Gebrauch: Spielte man ohne Schläger, wurden etwas größere, jedoch
weniger fest gestopfte verwendet, um die Hand zu
schonen; für das Spiel mit dem Racket waren feste Bälle
vorgesehen.
Scaino erläutert ausführlich die damals üblichen Spielregeln für das – im Freien gespielte – *longue paume* und
das – auf festen Plätzen oder in Sälen betriebene – *courte
paume*. Nur einige wenige der auffälligsten Abweichun-
gen vom späteren Tennis seien hier erwähnt. Offenbar

wurde der Ball dem Aufschlagenden von einem anderen Spieler zugeworfen, der übrigens für seine Dienste – seinen *service* – nicht selten bezahlt wurde. Es wurde bereits erwähnt, daß meist auf das Dach der Galerie serviert wurde. Diese beiden Gepflogenheiten machten den Aufschlag defensiv – erst der Rückschläger wurde zum Angreifer: im krassen Gegensatz zum modernen Tennis, bei dem der aufschlagende Spieler bestrebt ist, möglichst durch ein As den Gegner erst gar nicht an den Ball kommen zu lassen.

Scaino rät im übrigen dem Aufschläger ausdrücklich, er solle »den Ball nicht zu schnell schlagen«.

Ein weiterer auffälliger Unterschied zwischen dem damaligen *jeu de paume* und dem späteren Tennis: Die Zahl der Beteiligten schwankte beträchtlich. Oft bildeten drei oder noch mehr Spieler eine Mannschaft.

Scaino gibt auch taktische Ratschläge, die teilweise noch heute beachtenswert sind. So empfiehlt er dem Spieler, stets die Bewegungen des Gegners zu beachten, nie den Ball aus den Augen zu lassen und in einer Schwächeperiode das Spiel zu verlangsamen. Dem Doppelspieler rät er, den Ball zwischen die beiden Gegner zu plazieren, da sich oft der eine auf den anderen verlasse – und am Ende keiner den Ball annehme.

In den folgenden Jahrzehnten erschienen mehrere französische Abhandlungen, die sich mit dem *jeu de paume* befaßten. Speziell mit der bis heute vertrackten Zählweise setzte sich kein Geringerer als der Bibliothekar des französischen Königs auseinander. Dieser Monsieur Gosselin verfaßte 1579 eine *Déclaration de deux doubtes qui se trouvent en comptant le jeu de paulme* – »Erklärung von zwei zweifelhaften Fällen beim Zählen des *jeu de paume*«. Auf diese Schwierigkeiten kommen wir später zurück.

Während Scaino und Gosselin als sachkundige Laien schrieben, verfaßte Forbet seine Schrift über das Tennisspiel als Professional: Er war *maître paumier*. Seine Abhandlung wurde 1599 erstmals gedruckt; sie enthält auch 24 – bereits 1592 verfaßte – Regeln für das *jeu de paume*. Manches darin ist kurios, anderes kommt uns vertraut vor. An die heutige Regelung erinnert, daß zum Gewinn eines Satzes zwei Spiele Vorsprung erforderlich waren. Leider vergessen ist heute der schöne Brauch, daß der Gewinner für die Bewirtung der Spieler aufkommen mußte. Dagegen ist es wohl ein Glück, daß über strittige Entscheidungen des Schiedsrichters heute nicht mehr die Zuschauer abstimmen dürfen: Der latente Kriegszustand etwa bei Daviscup-Turnieren würde sich in einen offenen verwandeln.

Forbets Schrift war so erfolgreich, daß sie 1632 neu gedruckt wurde. Charles Hulpeau ließ sie mit einem schönen Titelkupfer versehen und nannte sie *Le jeu royal de la paulme. (Abb. 20)*

Von Lehrern lernt man meist schneller als aus Büchern: Dies gilt besonders für den Sport – also auch für Tennis. Über die Lehrer des damaligen *jeu de paume* erfahren wir aus den zeitgenössischen Quellen sehr wenig. Fast nur Abrechnungen königlicher Haushalte verraten etwas über diese Tennislehrer, deren Verdienste – in sportlicher und in finanzieller Hinsicht – beträchtlich waren. So erhielt 1612 ein gewisser Pierre Gentil für den Unterricht, den er dem elfjährigen König Ludwig XIII. erteilte, die stattliche Summe von 500 Livres im Jahr. Und fast zur gleichen Zeit zahlt die englische Staatskasse einem John Webb, der den zehnjährigen Thronfolger Charles in die Geheimnisse des Tennis einweiht, zwanzig Pfund. Nun können diese Summen täuschen: In ihnen ist zu-

Abb. 20: Titelblatt von Hulpeaus Schrift *Le jeu royal de la
paulme* (1632).

Abb. 21: Tennisunterricht im Jahre 1564 (aus dem Emblembuch des Johannes Sambucus, 1564).

weilen die Bezahlung von Bällen und Schlägern enthalten. Die Tennislehrer jener Zeit gaben nicht nur Unterricht. Die *master professionals* oder *maîtres paumiers*
waren oft vieles in einer Person: Spieler, Betreiber eines
Tenniscourt, Trainer, Hersteller und Lieferanten von
Bällen und Rackets, Kleidung und Schuhen – ja sie übernahmen gelegentlich sogar die Bewirtung der Spieler
und Zuschauer. Innerhalb ihres Berufsstandes herrschte
ein deutliches Gefälle: Die Betreiber eines öffentlichen
Spielplatzes wurden oft in die Nähe von Kneipen- oder
Spielhöllenbesitzern gerückt – eben weil in ihren Etablis-
sements heftig getrunken und gewettet wurde. Am
oberen Ende der sozialen Skala befanden sich jene, die in
königlichen Diensten standen – in Frankreich die *maîtres
paumiers du roi*, in England die *Masters of the King's
Tennis Plays*.

Die wohl früheste bildliche Darstellung einer Tennis-
stunde findet sich in einem Emblembuch des Johannes
Sambucus aus dem Jahre 1564. Dort sieht man, wie der –
barhäuptige – Lehrer seinem Schüler mit Hut das Schlagen einer Vor- und Rückhand demonstriert.

Die bereits erwähnte erste Berufsspielerin Margot aus dem Hennegau hat sich auch als erste Trainerin einen Namen gemacht. Nachdem sie ihre Profi-Karriere beendet und sich als Nonne in ein Kloster bei Gilly zurückgezogen hatte, lehrte sie die Bewohner des Ortes »die Feinheiten des *jeu de paume*«, wie es in der zeitgenössischen Quelle heißt. Über Margots Tennisdress kann man nur spekulieren.

NIEDERGANG

Jede von vielen Menschen ausgeübte Tätigkeit birgt den Keim negativer Entwicklung in sich: Es ist allzu wahrscheinlich, daß es zu Entgleisungen einzelner kommt, die die Aktivität aller in Verruf bringt. So auch im Tennis. Als sich das Spiel im 16. und 17. Jahrhundert zu einem Volkssport entwickelt, werden die Klagen über negative Begleiterscheinungen lauter. In solchen Phasen tritt dann auch der Satiriker auf den Plan. Die vorgebrachten Klagen sind klassenspezifisch. Fangen wir oben an.

Für die Adligen jener Zeit war der Tenniscourt nicht nur ein Spielplatz, sondern gesellschaftlicher Treffpunkt. Hier konnte man – ähnlich wie im damaligen Theater – sein Vergnügen suchen, das zu einem guten Teil aus erotischen Abenteuern bestand: Im Ballhaus wurde angebandelt. Die zeitgenössischen Autoren äußern sich entsprechend – entweder entzückt oder entrüstet. Wegen einer Tätlichkeit gegen einen Höfling im Gefängnis schmachtend, erinnert sich der Earl of Surrey an die vergangenen Lustbarkeiten in Windsor: Tänze, Jagden, Turniere – und Tennis. Gern ließen sich Amateure wie er – im Gegensatz zu den meisten heutigen Profis – durch Damen vom Spiel ablenken und nahmen sogar den Verlust von Punkten in Kauf:

> The palm-play, where, despoiled for the game,
> With dazed eyes oft we by gleams of love
> Have missed the ball, and got sight of our dame . . .

(Das *jeu de paume*, bei dem wir – fürs Spiel verdorben – oft den Ball nicht trafen, weil wir vom Glanz der Liebe geblendet waren und unserer Dame ansichtig wurden . . .)

Abb. 22: Galanter Flirt beim *jeu de paume* (aus Garsaults
Abhandlung über das Tennis, 1767).
Das Paar sitzt hinter einer rechteckigen Wandöffnung.
Traf ein Spieler in dieses *dedans* – oder in die gegenüber-
liegende *grille* (ein wesentlich kleineres Viereck) – erzielte er
damit einen Punkt.

Mit ähnlich nostalgischen Gefühlen erinnert sich Phil
Porter in einem 1682 veröffentlichten Gedicht an die
schöne Zeit, die er auf dem Tennisplatz verbrachte:

> Farewell, my dearest Piccadilly,
>   Notorious for great dinners,
> Oh, what a tennis-court was there!
>   Alas! Too good for sinners.

> (Adieu, geliebter Piccadilly,
>   Berühmt für herrliche Dinners,
> Was für einen Tennisplatz gab's dort!
>   Doch ach, er war zu gut für uns Sünder!)

Im England des 16. und 17. Jahrhunderts war man sich
der französischen Herkunft des Tennis noch sehr bewußt
– und brachte den »welschen« Ursprung des Spiels und
seine außerordentliche Beliebtheit bei den Franzosen in

56

die Kritik ein: Tennis – ein Spiel für Galane, die einer französischen Mode folgen. So macht sich der Londoner Thomas Dekker in einer 1609 veröffentlichten Satire über gewisse adlige Tennisspieler lustig:

> Seid Ihr ein Höfling, dann verbreitet, wie oft diese Dame ihre Kutsche zu Euch geschickt hat, und wie oft Ihr mit jenem hohen Herrn auf dem Tennisplatz geschwitzt habt. Denn in Frankreich wird über Schwitzen (ich meine: beim Tennis) mit größter Leidenschaft geredet . . .

Seltener wird den tennisspielenden Gentlemen vorgeworfen, daß sie – was ja oft der Fall war – um hohe Einsätze spielten. In John Websters Drama *The Duchess of Malfi* (1613/14) heißt es sarkastisch über den Bruder der Herzogin – einen Erzbösewicht:

> . . . they say he's a brave fellow,
> Will play his five thousand crowns at tennis, dance,
> Court ladies, and one that hath fought single combats.

> (. . . man sagt, er sei tüchtig: Er setzt fünftausend Kronen beim Tennis, tanzt, macht Damen den Hof, und er duelliert sich.)

Geld spielt eher in der Kritik an Nichtadligen eine Rolle: Da sie meist weniger besitzen, sind ihre hohen Einsätze und Wetten beim Tennis riskanter. Bezeichnend ist auch, welche Arten von Zeitvertreib in einem Atemzug mit dem weißen Sport genannt werden: Bei Adligen sind es Fechten, Tanzen, Turnierkämpfe, Jagd, Reiten – und eben Flirten. Bei Bürgerlichen wechselt der Kontext: Nun haben wir es mit Spielen um Geld zu tun. In dem Drama

A Satire of the Three Estates (1540) des Schotten Sir David Lindsay beschreibt ein pflichtvergessener Pfarrer seine Hobbies folgendermaßen:

> Though I preach not, I can play at the caiche.
> . . . .
> And for the cards, the tables, and the dice,
> Above alle parsons I may bear the price.
>
> (Ich predige zwar nicht, doch kann ich Tennis spielen . . .
> Im Karten-, Backgammon- und Würfelspiel
> Übertreffe ich jeden anderen Pfarrer.)

Zeitgenössische Berichte lassen darauf schließen, daß in zahlreichen öffentlich zugänglichen Ballhäusern alle möglichen Glücksspiele betrieben wurden: Tennisplätze gerieten in verhängnisvolle Nähe zu Spielhöllen, wo gewettet, gesetzt, getrunken, geprügelt und gestohlen wurde.

Der bereits erwähnte Sir Robert Dallington schildert zu Ende des 16. Jahrhunderts die Zustände in Frankreich:

> Leider lassen die Behörden es zu, daß jeder arme Bürger und Handwerker Tennis spielt und bei diesem am Feiertag das Geld ausgibt, das er während der Woche zum Unterhalt seiner Familie verdient hat . . . Von solchen armen Tennisspielern gibt es in Frankreich mehr als bei uns Biertrinker.

Daß sich die Puritaner in England des Tennisspiels auf ihre gestrenge Art annahmen, war zu erwarten. Um das Jahr 1579 wettert einer von ihnen in heiligem Zorn:

Wo rufen Kinder vergeblich nach Speise und Trank? Wahrlich, wo ihr Vater . . . dem Karten-, Würfel- und Tennisspiel verfallen ist. Wo stehen Lehrlinge und Gesellen müßig herum . . .? Wo ihre Meister dem Tennis verfallen sind. Ein anständiger Zeitvertreib paßt zu einem anständigen Mann. Doch Karten- und Tennisspiel sind nicht ehrenhaft – daher sind sie für Ehrenmänner nicht geeignet.

Entlarvenderweise vergibt im England des späten 17. Jahrhunderts ein und dieselbe Behörde Lizenzen für den Betrieb von Billardtischen, Bowling-Plätzen, Würfel- und Glücksspielhäusern – und Tennisplätzen.

Über die damaligen Zustände gibt ein zeitgenössischer, realistisch berichtender Roman Auskunft: *Les Mémoires de Monsieur le Marquis de Montbrun* (1701) des Courtilz de Sandras. Dort wird mit größter Ausführlichkeit das *jeu de paume* beschrieben – doch nur als Mittel, möglichst schnell Geld zu verdienen: Betrug spielt eine wesentliche Rolle.

Schließlich nehmen diese kriminellen Züge überhand: Um die Mitte des 18. Jahrhunderts erscheint in London ein Buch, in dem vor den Gefahren des Tennisspiels gewarnt wird. Es trägt den bezeichnenden Titel: *The Tricks of the Town Laid Open* und wendet sich – wie der Untertitel verrät – an den *country gentleman*: den ahnungslosen Provinzler. Dieser wird prophylaktisch mit allen damals üblichen Gaunertricks vertraut gemacht. Der Autor formuliert den Niedergang des Tennisspiels in klassischer Weise:

It is strangely degenerated from a noble and genteel exercise into a perfect trade for rooks and sharpers.

(Aus einem edlen Sport ist es zur idealen Betätigung für Gauner und Falschspieler verkommen.)

Im Laufe des späteren 17. und des 18. Jahrhunderts geht die Zahl der Ballhäuser drastisch zurück: Viele werden in Theater und Tanzsäle umgewandelt – Molières Schauspieltruppe *L'Illustre Théâtre* spielte 1644/45 in zwei ehemaligen Pariser Ballhäusern. Andere Courts verfallen. Symbolischen Wert hat ein zeitgenössischer Bericht aus dem Jahre 1680:

> Gestern stürzte das Dach des Tenniscourt in Haymarket ein. Sir Charles Sidley, der dort gerade spielte, erlitt einen Schädelbruch, der wohl tödlich sein wird.

Mitte des 17. Jahrhunderts gibt es in Paris noch über hundert, seit Anfang des 18. nur noch etwa zehn solcher *jeu de paume*-Plätze. Entsprechend weniger Tennismeister werden benötigt: Auf den kaum ein Dutzend Plätzen in Paris stehen im Jahre 1767 ebenso viele *maîtres paumiers* zur Verfügung. Wenige Jahre vor der Französischen Revolution werden in ganz Frankreich nur noch 54 Tennisplätze gezählt.

In diesen Zahlen spiegelt sich die schwindende Beliebtheit des *jeu de paume*. Besonders der französischen Aristokratie verging im Laufe des 18. Jahrhunderts die Lust am Spiel. Die Gründe für diesen Niedergang sind vielfältig: Mindestens drei seien angeführt.

Das Spiel war – wie wir gesehen haben – anrüchig geworden. Ferner herrschte nach wie vor ein Streit stiftender Wirrwarr uneinheitlicher Regeln und Spielplätze. Noch 1878 gesteht Julian Marshall, der Tennishistoriker und Vorkämpfer des *real tennis:* »Es gibt kaum zwei Plätze mit denselben Abmessungen.« Darüber hinaus wäre zu beachten: In jener Zeit des Rokoko wandte sich der Adel immer mehr vom *jeu de paume* ab – zugunsten eines anderen, raffinierteren und weniger vulgären Zeitvertreibs: Ballett, Maskenspiel, Theater. Die Bürger, ihres aristokratischen Vorbilds ledig, haben dann ebenfalls vom *jeu de courte paume* abgelassen und lieber das *jeu de longue paume* unter freiem Himmel und ohne ummauerte Plätze gespielt. Letztere Variante hat sich tatsächlich in Frankreich und England lange gehalten: Es wurde 1862 in Frankreich immerhin an 56 Orten gespielt – das *jeu de courte paume* nur noch auf sechs Plätzen.

1789 jedenfalls versetzte die Französische Revolution dem Tennisspiel den Gnadenstoß: Nun wurde der Adel, der jahrhundertelang das *jeu de courte paume* bestimmt hatte, zu einem großen Teil liquidiert – und mit ihm das Spiel.

Für die Zeit vor der Revolution läßt sich – wie so oft in Zeiten des Niedergangs oder im Endstadium einer Krankheit – eine scheinbare Erholung beobachten: In mehreren Werken wird das Tennisspiel ausführlich dargestellt, und um dieselbe Zeit – 1765 – macht ein überragender Berufsspieler von sich reden.

Im Zeitalter der Aufklärung liebt man die Genauigkeit. In seinem 1767 erschienenen *Art du paumier-raquetier et de la paume* beschreibt Garsault minuziös Spielregeln und -plätze. Er fordert dazu auf, das *jeu de paume* »nicht länger nur als Spiel, sondern als eine Kunst zu betrachten«. Dieser Kunst rückt er mit solcher Akribie zu Leibe, daß die von ihm angefertigten Bildtafeln wenig später als Vorlage für die entsprechenden Abbildungen in Diderots und d'Alemberts berühmter Enzyklopädie dienen. Er zeigt das Herstellen von Tennisbällen und -schlägern so präzise, daß man versucht ist, sie in Heimarbeit selbst anzufertigen.

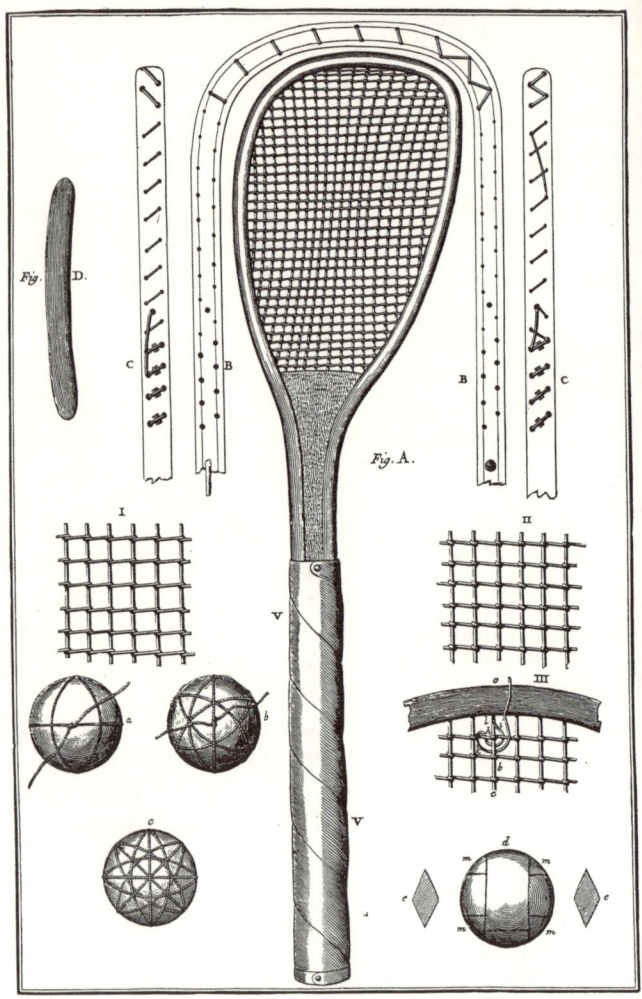

Abb. 23: Die Herstellung von Rackets und Tennisbällen im 18. Jahrhundert (aus Garsaults Abhandlung über das Tennis, 1767).

Der unangefochtene Tennismeister jener Zeit ist der 1740 geborene Brillenträger Raymond Masson, der es sich leisten konnte, seinen Gegnern Punkte vorzugeben. Im Übermut seines sportlichen Könnens streifte er bisweilen die Grenze des guten Geschmacks. Man fühlt sich an den gegen Rennpferde antretenden Jesse Owens erinnert, wenn wir lesen, daß Masson sich in ein Faß setzte und jeweils für jeden Schlag daraus hervorstürmte.

Die Tradition des alten *jeu de paume* ist in England besser bewahrt worden als in dessen Ursprungsland, wenngleich auch auf der Insel die Zahl der Spieler und *courts* drastisch zurückging. Offenbar wurde dort Tennis im 19. Jahrhundert zunehmend exklusiv und vornehmlich auf den Landsitzen der Adligen gespielt. Im Jahre 1878 gab es in England noch etwa zwanzig Plätze, auf denen das *jeu de courte paume* mit dem charakteristischen Service auf das Dach der Galerie gepflegt wurde – die berühmtesten tragen Namen wie Lord's, Queen's, Hampton Court Palace und Falkland Castle.

Tennis war zu einem Sport für wenige geworden. Kleine Gemeinden neigen dazu, sektiererische Züge zu entwickeln – das gilt auch für Sport-Gemeinden. Man hält starr an Althergebrachtem fest, fühlt sich als Bewahrer des Echten und Wahren. Dies wird besonders deutlich, als im letzten Viertel des 19. Jahrhunderts das alte Tennis Konkurrenz durch eine neue Variante – das Rasentennis – erhält. Nun betrachten sich die – wie in früheren Zeiten – auf das Dach und in *grille* und *dedans* zielenden Spieler erst recht als Gralshüter: In selbstbewußter Distanzierung von dem neuen Konkurrenten nennen sie ihr Spiel *real tennis* (das wirkliche, echte Tennis), *royal tennis* (Königs-Tennis) oder gar in aufreizender Schlichtheit *Tennis* – die Großschreibung deutet das Einmalige an. Die Anhänger des alten Spiels in Amerika sind in dieser Hinsicht zurückhaltender und nennen es sachlich *court tennis*.

In einem Gedicht vom Ende des 19. Jahrhunderts wird die Durchhaltementalität und das elitäre Bewußtsein der damaligen *real tennis*-Spieler deutlich – sie machen sich

Mut und pfeifen im Dunkeln. Der Verfasser hält nichts vom Cricket (»man bricht sich das Schienbein«), nichts von ›Fußball-Rowdies‹ – und insbesondere nichts von dem neuen Rasentennis:

> Let india-rubber pellets dance on grass,
> Where female arts the ruder sex surpass;
> Let other people play at other things;
> The King of Games ist still the Game of Kings.

> (Laßt Gummibälle auf dem Rasen tanzen,
> Wo weibliches Geschick das männliche Geschlecht
> übertrifft;
> Laßt andere anderes spielen;
> König der Spiele ist immer noch das Spiel der Könige.)

Ein Spiel, dessen Existenz bedroht ist, bringt unter solch belastendem Druck skurrile Verformungen hervor – auch bei den Akteuren. So wird über einige französische Meister des *jeu de paume* in der ersten Hälfte des 19. Jahrhunderts Erstaunliches berichtet. Auf den wenigen französischen und englischen Plätzen erfreuten sie ihr Publikum durch Ungewöhnliches. Edmond Barre spielte den Ball gern zwischen den Beinen hindurch – eine in mehrfacher Hinsicht nicht ungefährliche Technik. Charles Delahaye, genannt »Biboche«, genierte sich nicht, in der Uniform der Nationalgarde zu spielen; sein Handikap vergrößerte er noch, indem er in der linken Hand ein Gewehr hielt. Und wahrhaft zirzensisch erscheint die Leistung seines Kollegen Louis Labbé, der während eines Spieles den Linienrichter auf dem Rücken mit sich schleppte. Offensichtlich waren auch die englischen Professionals jener Zeit bemüht, ihr schwindendes Publikum durch Kunststücke anzulocken. So pflegte Edmund

Tompkins das Racket durch Flaschen oder Stiefelknechte zu ersetzen.

Heute sind die Spieler des *real tennis* weniger exzentrisch, können sich jedoch nach wie vor als Mitglieder einer verschworenen Gemeinschaft betrachten: Weltweit gibt es etwa dreißig *courts* (mehr als die Hälfte von ihnen in Großbritannien), die einigen tausend Spielern zur Verfügung stehen. In Frankreich halten ganze zwei Plätze dem Ansturm der *jeu de paume*-Spieler stand: einer in Paris, ein anderer in Bordeaux.

Doch darauf können die Spieler des alten *jeu de paume* stolz sein: Ihr Sport hat zahlreiche andere Ballspiele mehr oder weniger stark beeinflußt. Neben dem Rasentennis, von dem noch ausführlich die Rede sein wird, sind dies bekannte und unbekannte Sportarten, wie: Rackets, Squash, Squash-Tennis und Racquetball. Bei aller Verschiedenheit ist diesen Spielen eins gemein: Es sind sogenannte Rückschlagspiele. Die ihnen zugrundeliegende Spielidee ist es, den Ball so zu plazieren, daß der Gegner ihn nicht regelgemäß retournieren kann.

Ein historisch und soziologisch besonders interessanter Ableger des alten *jeu de paume* ist Rackets, das nur in Großbritannien und einigen ehemaligen britischen Kolonien gespielt wird. Seine Entstehung zeigt, daß sich nicht nur Lebewesen und Pflanzen, sondern auch Sportarten vorgefundenen Bedingungen anpassen und so verändern, daß sie überleben können. Das erwähnte *jeu de tamis* ist ein frühes Beispiel solcher Anpassung.

Rackets kommt in der Mitte des 18. Jahrhunderts in den Londoner Schuldgefängnissen auf. Die dort Einsitzenden gehörten durchaus gehobenen Schichten an und waren mit dem *jeu de paume* vertraut. Dieses spielten sie auf dem Gefängnishof so, wie es die dortigen Bedingungen gestatteten: Es stand kein allseits umschlossener *court* zur Verfügung, doch konnte man neben dem Boden die hohe Mauer des Gefängnishofes als Spielfläche nutzen.

Während sich die Anlage des Spielfeldes grundlegend änderte, blieb vieles doch wie früher: Man spielte um Geld, und die Plätze wurden von *racket masters* betrieben – von Gefangenen, die damit oft soviel verdienten, daß sie ihre Schulden bezahlen und so ihre Freiheit wiedergewinnen konnten. *(Tafel 5)*

Dieses Rackets wurde dann im 19. Jahrhundert auch außerhalb der Schuldgefängnisse gespielt: in den – teilweise überdachten – Höfen von *public schools* (wie Harrow), Clubs, Universitäten (Oxford und Cambridge), aber auch von Gastwirtschaften. Während Rackets bis heute mit massiven Bällen gespielt wird, kam im Verlauf des 19. Jahrhunderts der Gebrauch von Weichgummibällen auf. Rackets erhielt um 1850 in Harrow besondere Spielregeln, die es zum Vorläufer des heute sehr beliebten Squash machten. Neben diese ursprünglich Squash Rackets genannte Variante trat später eine amerikanische Abwandlung – das mit Tennisbällen gespielte Squash-Tennis. Und um die Verwirrung noch zu steigern, erfand man – ebenfalls in den USA – eine weitere Variante: das Racquetball. Die erstaunliche Vielfalt dieser Spiele ist vielleicht ein Reflex der Eigenbrötelei, mit der im 19. Jahrhundert der ihnen gemeinsame Vorläufer – das *real tennis* – betrieben wurde.

Das zweifellos populärste Rückschlagspiel, das sich aus dem *jeu de paume* entwickelte, ist *lawn tennis* (Rasentennis). Diese Bezeichnung zeigt deutlich an, daß es sich ursprünglich um ein nur im Freien betriebenes Spiel handelt – erst später wurde auch Tennis in der Halle üblich. Als solches setzt Tennis die Tradition des – bereits mittelalterlichen – im Freien gespielten *jeu de longue paume* fort, das keinen ummauerten Platz, geschweige denn ein aufwendiges Ballhaus erforderte.

Während im späten 18. und 19. Jahrhundert das *jeu de courte paume* sich auf wenige fest angelegte *courts* beschränkte, wurde in England das sogenannte *field-tennis* zunehmend beliebter: im Freien gespielt, ohne die Kompliziertheit eines eigens konstruierten Platzes und noch ohne feste Spielregeln. Aus diesem *field-tennis* und Elementen des *Rackets, real tennis* und Badminton entwickelte ein gewisser Major Walter C. Wingfield das von ihm so genannte *Sphairistiké* oder *lawn-tennis* – den direkten Vorläufer des heutigen Tennisspiels. Die ungefüge griechische Bezeichnung, die wörtlich »das Ballspiel betreffend« bedeutet, wurde sehr bald zugunsten der englischen aufgegeben. Diese wiederum vereinfachte man bereits nach wenigen Jahren zu *tennis* – was aber eben auch das alte *jeu de paume* bedeutete. Doch der wachsenden Beliebtheit der neuen Spielart entspricht die allmähliche Festlegung der Bedeutung von *tennis* auf *lawn-tennis*. Darüber wird bereits 1888 in der *St. James' Gazette* geklagt:

Es ist traurig zu beobachten, wie ein Wort, das sich jahrhundertelang behauptet hat, seine ursprüngliche Bedeutung verliert. Solch ein Wort ist »Tennis«, unter dem heute neun von zehn Personen jenes neue Spiel verstehen, das auf einem nicht umbauten Platz betrieben wird.

Dieses neue Tennis verdankt seinen Erfolg der Einfachheit der Spielweise und des Spielfeldes. Es war auf jedem ebenen Rasen spielbar, und davon gab es vornehmlich in England genug. Man benötigte nicht – wie früher – aufwendige Mauern, Dächer, Galerien, sondern ein Netz, das überall zu kaufen war – dank der Erfindung des Major Wingfield.

Dieser hatte 1874 sein neuartiges Tennisspiel patentieren lassen. Die Londoner Firma French & Co. verkaufte in seinem Auftrag das komplette Spiel-Set (mit Netz, Schlägern und Bällen) für 6 Pfund. Das Besondere war das überall aufstellbare Netz – und gerade dieses hatte Wingfield nicht erfunden, sondern aus dem Federball-Spiel übernommen. Dieses uralte Ballspiel war zwei Jahre zuvor von dem Duke of Beaufort mit Wettkampfregeln versehen und auf seinem Landsitz Badminton vorgestellt worden. Die Höhe des bei diesem Badminton verwendeten Netzes (fünf Fuß = 152 Zentimeter) übernahm Wingfield, konstruierte das Netz jedoch dreiteilig – offenbar eine Andeutung der Seitenwände des alten Tennis.

Abb. 24: Das Spielfeld des von Major Wingfield entwickelten *Sphairistiké* oder *lawn-tennis* (1874).

Aufgrund ihrer Sprungkraft kamen für das Spiel auf Rasenflächen nur Hohlgummibälle in Frage. Diese wurden anfangs ausgerechnet von einer deutschen Firma hergestellt und in das rivalisierende England geliefert. Einige Einzelheiten des von Wingfield entwickelten Spiels muten heute fremd an: Das Spielfeld war trapezförmig; der Aufschlag erfolgte aus einem Viereck immer nur von einer Seite; ähnlich wie bei Rackets und Badminton konnte nur der Aufschlagende einen Punkt erzielen. Major Wingfield gebührt das Verdienst, auf der Basis verschiedener Varianten des alten *jeu de paume* das neue Tennis wenn nicht begründet, so doch bekanntgemacht zu haben. Der Siegeszug dieses Sports begann aber eigentlich erst 1877 in Wimbledon: In jenem Jahr wurde das erste große Rasentennis-Turnier veranstaltet – ausgerichtet vom *All England Croquet and Lawn Tennis Club.* Gespielt wurde bereits fast nach heutigen Regeln: Wingfields Vorschläge waren von einigen Experten – Heathcote und Marshall – nochmals überarbeitet worden. Das Spielfeld war inzwischen rechteckig, das Netz niedriger, der Ball mit weißem Flanell überzogen. Und man zählte die Punkte nicht wie beim Rackets, sondern bei dem alten *jeu de paume:* 15 – 30 – 40 (oder 45). Seit einer früheren Revision (1875) wurde nicht mehr aus einem markierten Viereck aufgeschlagen, sondern von der Grundlinie aus.

Nach diesem ersten Wimbledon-Turnier wurde Tennis von Jahr zu Jahr beliebter, jedoch nicht unbedingt angesehener. Es galt bei vielen als nicht ernstzunehmender Zeitvertreib für Frauen und als gesellschaftliche Mode: Gerade als solche Kuriosität erscheint Tennis in der englischen humoristischen Zeitschrift *Punch*, die stets auch ein zuverlässiger Seismograph für *the latest craze* – den letzten Schrei – gewesen ist. Während in den Jahren

Abb. 25: Tennismode 1879 – satirisch
(*Punch*, 13. Sept. 1879).

1874 bis 1877 sich nur vier *cartoons* des neuen Spiels
annehmen, sind es derer in den beiden folgenden Jahren
gleich siebzehn. Bereits das erste Tennis-*cartoon* im
Punch überhaupt (12. September 1874) verwendet den
alten – oft berechtigten – Vorwurf, man spiele nur, um
anzubandeln (siehe Abb. 22).

Abb. 26: Die Gefangenen im Netz der Tennis-Spinne
(*Punch*, 20. Sept. 1879).

In allen Karikaturen jener Jahre werden Tennis spielende Frauen – zumindest im Mixed antretend – dargestellt
und mehr oder weniger mild belächelt. Da dürfen auch
angebliche Modetorheiten nicht fehlen. *(Abb. 25)*

Der Wirklichkeit näher kommt wohl eine geglückte Zeichnung aus dem Jahre 1879. Dort sind alle Gesellschaftsschichten im Netz einer riesigen Tennis-Spinne gefangen – gleich ob Mann oder Frau, alt oder jung. *(Abb. 26)*

Jedenfalls haben sich Frauen am *lawn-tennis* von Beginn an in großer Zahl beteiligt – im Gegensatz zum alten *jeu de paume*, wo weibliche Spieler selten waren und im 18. Jahrhundert genauso belächelt wurden wie später die emanzipierten Tennisspielerinnen. In zeitgenössischen Berichten ist von ›Vogelscheuche‹ und ›Streitsucht‹ die Rede.

Das zeitige und starke Interesse der Frauen am *lawn-tennis* hatte für sie positive Folgen: Ihnen wurde die Teilnahme an Wettkämpfen – im Vergleich zu anderen Sportarten – früh gestattet: ab 1879 in Irland, ab 1884 in Wimbledon. Die Damen spielten übrigens damals in langen weißen Kleidern, trugen Hüte – und oft hochhackige Schuhe, die dem geheiligten englischen Rasen sicher abträglich waren. Von dort führte ein weiter Weg bis zu Billie Jean King, die 1973 Billy Riggs, den Wimbledon-Sieger von 1939, besiegte – in einem symbolischen Match sportlicher Emanzipation.

SPRACHE UND ZÄHLWEISE

Wie in der Anlage des Tennisspiels die Spuren des *jeu de paume* deutlich zu erkennen sind, ist auch die Zähl- und Ausdrucksweise stark durch das Französische beeinflußt. Die meisten im Tennis verwendeten englischen Ausdrücke sind französischer Herkunft, sofern sie Grundbegriffe und Spielregeln betreffen.

Es nimmt nicht wunder, daß spezielle spieltechnische Ausdrücke meist englischer Provenienz sind: In England wurde die Spielweise des neuen Tennis entwickelt. Wir haben es mit einer sportlichen *Entente cordiale* zu tun.

Das Wort für dieses Spiel selbst ist französischer Herkunft. Donato Velluti berichtet in seiner *Cronaca Domestica* (1367–70), daß französische Ritter, die sich auf einem Feldzug befanden, 1325 die Italiener mit *tenes* bekanntmachten. Dies ist der erste Beleg für das Wort Tennis, über dessen Herkunft unnötigerweise noch heute gerätselt und viel Unsinn geschrieben wird. Groteske Herleitungen sind versucht worden – von deutsch *Tenne* (wo man bekanntlich drischt), oder der ägyptischen Stadt Tinnis (wo angeblich für Tennisbälle geeignetes Tuch hergestellt wurde) – oder gar von französisch *tente* (Zelt), unter dem man Tennis gespielt haben soll. Die – vor allem von Gillmeister erforschten – sprachhistorischen Tatsachen sprechen eine andere Sprache. Es gibt eine lückenlose Indizienkette für die Herleitung des Wortes Tennis aus dem französischen Ruf »Tenez!« – ›Haltet (den Ball)!‹ Offenbar wurde in der Frühzeit des Spiels dieses Wort dem Gegner vom Aufschlagenden vor dem Service als Warnung zugerufen. Während die Franzosen bis ins 19. Jahrhundert an ihrer Bezeichnung *jeu de paume* festhielten, haben vor allem die Engländer das

Wort Tennis seit dem 14. Jahrhundert verwendet. Dieses hat sich dann allgemein durchgesetzt.

Hätte man übrigens den englischen Sprachlehrer John Minsheu beachtet, wären uns die erwähnten abstrusen Ableitungsversuche erspart geblieben: Er erklärt in seinem *Ductor in linguas* (1617) bereits die richtige Ableitung des Wortes Tennis – »which word the Frenchmen . . . use to speak when they strike the ball . . .«

Die meisten anderen im Tennis verwendeten englischen Ausdrücke französischer Herkunft sind Gott sei Dank unproblematisch: *court* (Tennisplatz), *advantage* (Vorteil), *service* (Aufschlag), *fault* (Fehler), *point* (Punkt), *ace* (As), *mixed* (gemischtes Doppel), *umpire* (Schiedsrichter; aus *non-pair*).

Komplizierter ist die Erklärung von *deuce* (Einstand) und *racket* (Schläger). Ersterem liegt französisch *à deux du jeu* zugrunde. So sagte man, wenn das Spiel 45 : 45 (oder 40 : 40) stand – und beide Spieler eben »um zwei Punkte vom Spielgewinn« entfernt waren. Im Englischen wurde dann aus der Präposition *à* + Zahlwort *deux* ein unbestimmter Artikel *a* + Substantiv *deuce*.

Das englische Wort *racket* ist aus dem französischen *raquette* entstanden; dessen weitere Herkunft ist umstritten. Ähnlich wie bei der Ableitung des Wortes »Tennis« sind viele – zum Teil abwegige – Erklärungen versucht worden: So brachte man das Wort mit deutsch *recken* oder lateinisch *reticulata* in Verbindung. Ernstzunehmen ist der neuere Vorschlag, *racket* aus flämisch *raketse* (Rückschlag; französisch *rachasse*) abzuleiten. Doch lückenloser erscheint eine andere, traditionelle Argumentation, die eine arabische Herkunft des Wortes behauptet. Dieser auf den ersten Blick unwahrscheinliche Vorschlag gewinnt an Plausibilität, wenn der kulturhistorische Zusammenhang beachtet wird.

Wie andere anatomische Bezeichnungen wurde im Mittelalter das Wort für »Handfläche« aus dem Arabischen ins Lateinische übernommen: *rāḥet* oder *rāḥat* wird erstmals von dem in Italien tätigen Constantinus Africanus um 1060 mit *racha* wiedergegeben.

Seit dem 14. Jahrhundert tauchen im Französischen Formen wie *rachette* oder *rasquette* auf. Als Ende des 15. Jahrhunderts Tennisschläger in Gebrauch kommen, liegt es nahe, diese durch das Wort für »Handfläche« zu bezeichnen – die »Vorläuferin« des Racket: Seit der Zeit erhält *raquette* tatsächlich diese Bedeutung. Eine solche Herleitung wird durch die Häufigkeit derartiger Bedeutungsverschiebungen bestätigt (Körperteil → ähnliches Gerät): lateinisch *manus* = Hand → ›Enterhaken‹; lateinisch *palma* und englisch *palm* = flache Hand → ›Ruderblatt‹.

Zurück nach England: *Love* (zu Null) ist nicht, wie einige historische Abenteurer behaupten, aus französisch *l'œuf* (Ei) entstanden – angeblich nach dem Ausdruck *duck's egg* im Cricket. Es hat vielmehr etwas mit Liebe zu tun, die man – zumindest oft – umsonst bekommt, oder um deretwegen man – angeblich öfter – etwas kostenlos tut. Bereits im 15. Jahrhundert gibt es Belege für die englische Wendung *for love or meed*, die heute einem *for love or money* entspricht und eben »umsonst oder um Geld« bedeutet. (Dem aus dem Lateinischen übernommenen *gratis* liegt eine ähnliche Vorstellung zugrunde; ursprünglich bedeutet das Wort »um bloßen Dank«.) Spätestens seit dem 17. Jahrhundert verwendete man den Ausdruck *to play for love*, um Spiele ohne Geldeinsätze zu bezeichnen. Beim Tennis der Frühzeit wurde – wie wir gesehen haben – um viel Geld gespielt: *For love* bedeutete, daß kein gewinnbringender Punkt erzielt wurde.

Neuerdings wird – mit unsicherem Erfolg – versucht, *for love* aus dem niederländischen *omme lof* (der Ehre willen) herzuleiten.

Ebenfalls mit den Geldeinsätzen und Spielwetten hängt wahrscheinlich die seltsame Zählweise der Punkte »15 – 30 – 40« zusammen. Sie geht wohl auf französische Münzen zurück, um die man im 14. Jahrhundert spielte und wettete. So setzte man etwa 1 *gros denier*, der wiederum den Wert von 15 *deniers* hatte. In einem Satz, der damals oft aus vier Spielen bestand, wurden also 4 mal 15 *deniers* gesetzt: 15 – 30 – 45 – 60. Daß man seit dem 16. Jahrhundert »45« durch »40« ersetzt, kann als bequeme Verkürzung von *forty-five* zu *forty* erklärt werden: Der Ursprung dieser Zählweise war inzwischen vergessen. Diese Vereinfachung wird übrigens in lateinischen Texten des 16. Jahrhunderts durch *quadra* (aus *quadraginta quinque*) wiedergegeben.

Kulturhistorisch betrachtet, ist diese Zählweise der Tennispunkte aufschlußreich: Als ehemalige Münzeinteilung überlebt hier – wie in der heutigen Zeitmessung und Gradeinteilung – das uralte und früher weitverbreitete Sechzigersystem, das bei den Babyloniern ebenso verwendet wurde wie bei den Indogermanen. Bis heute ist im Französischen der Bruch in der Zählung nach 60 erhalten: *soixante . . . soixante-dix.* Bezeichnenderweise wird im erst 1970 eingeführten Tie-Break nicht – wie sonst im Tennis – nach der alten Weise gezählt, sondern nach der heute allgemein üblichen: Jeder Fehler wird als ein Punkt gewertet.

Die Engländer haben das Tennis neu erfunden – und mit ihm jene Ausdrücke, die die heute praktizierte Spieltechnik betreffen: *lob, drive, smash, top spin, forehand, backhand, dropshot.* Dazu gehören auch die Wörter *slice* und *volley*, die zwar französischer Herkunft sind, doch ihre

Abb. 27: Wilhelm II. beim Tennisspiel während der Kieler
Woche 1894 (aus der *Illustrirten Zeitung*, Juli 1894).

heutige Bedeutung erst durch den englischen Gebrauch
im Sport erhalten haben.

Lawn-tennis und die zugehörigen Begriffe wurden früh
von England auch nach Deutschland exportiert. Bereits
1877 – im Jahr des ersten Wimbledonturniers – machten
englische Kurgäste in Bad Homburg die Deutschen mit
diesem neuen Spiel bekannt. Der erste deutsche Tennisclub wurde 1881 in einem anderen mondänen Kurort ge-
gründet: in Baden-Baden. Und Tennis war in seinen
deutschen Anfängen tatsächlich ein Spiel für die *high
society*. In Deutschland gehörten Adlige zu den eifrigsten
Förderern dieses vornehmen, weißen Sports; die Groß-
herzogin von Mecklenburg-Schwerin, die Gräfin von der

Schulenburg, Graf von der Meden – und kein Geringerer als Kaiser Wilhelm II., der (so die *Illustrirte Zeitung* im Juli 1894) »oft selbst zum Racket greift und mit kräftiger Hand und sicherem Auge den Ball schlägt«.

Der tennisfreundliche Hohenzoller teilte jedoch mit zahlreichen Bürgerlichen einen für Sportler verhängnisvollen Charakterzug: Er war ein schlechter Verlierer. Falls sich doch einmal sein Gegner erdreistete, auf einen Sieg hinzusteuern, wurde der Adjutant eingeschaltet. Dieser nahm sich in einer Spielpause den in Führung Liegenden mit dem verbürgten unvollendet bleibenden Satz vor: »Die Ehre Seiner Majestät verlangt, . . .« In aller Regel – oder besser: gegen alle Regeln – fügte sich des Kaisers Tennispartner und erhielt zum Dank für die Anerkennung Höchstderoselber Überlegenheit ein majestätisches Geschenk. Leider war Seine Hoheit auch der – wesentlich verhängnisvolleren – Meinung, Weltpolitik lasse sich ebenfalls mit Hilfe eines Adjutanten betreiben. Den Bürgerlichen zum Trost: Der erste Deutsche, der (im Jahre 1907) die Internationale Deutsche Tennis-Meisterschaft gewann, war kein Adliger, sondern ein Polizeibeamter aus Wiesbaden namens Otto Froitzheim. Dennoch war der Tennissport jener Zeit in Deutschland exklusiv: Der Deutsche Tennis Bund hatte im Gründungsjahr 1902 nicht mehr als 2000 Mitglieder – heute sind es fast zwei Millionen.

Die im Tennis verwendeten englischen Ausdrücke wurden im Deutschen unterschiedlich behandelt. Einige versuchte man zu übersetzen. Sogenannte Lehnübersetzungen sind: Treibschlag (aus *drive*), Schmetterball (aus *smash*), Schnitt (aus *slice*), Vorhand (aus *forehand*), Rückhand (aus *backhand*). Andere Ausdrücke wurden frei übersetzt: *dropshot* durch Stoppball, *service* durch Aufschlag. Einige Begriffe sind nicht verändert worden und Fremdwörter geblieben. Dazu gehören: *lob, top spin, break* und *tie-break*. Einige Ausdrücke werden sowohl in der englischen Originalform als auch in deutscher Übersetzung gebraucht: Volley (= englisch *volley*) und Flugball, Mixed (= englisch *mixed*) und gemischtes Doppel. Derartige Übersetzungsversuche genügten einigen Deutschtümlern nicht. In einer Zeit, als man häufiger vom »perfiden Albion« statt von England sprach, versuchte man vergeblich, sogar die Bezeichnung für das Spiel selbst einzudeutschen: Es sollte nicht mehr fremdländisch »Tennis« heißen, sondern gut deutsch »Netzball«. Heute, da Englisch unangefochtene Weltsprache ist, verfährt man in dieser Beziehung großzügiger.

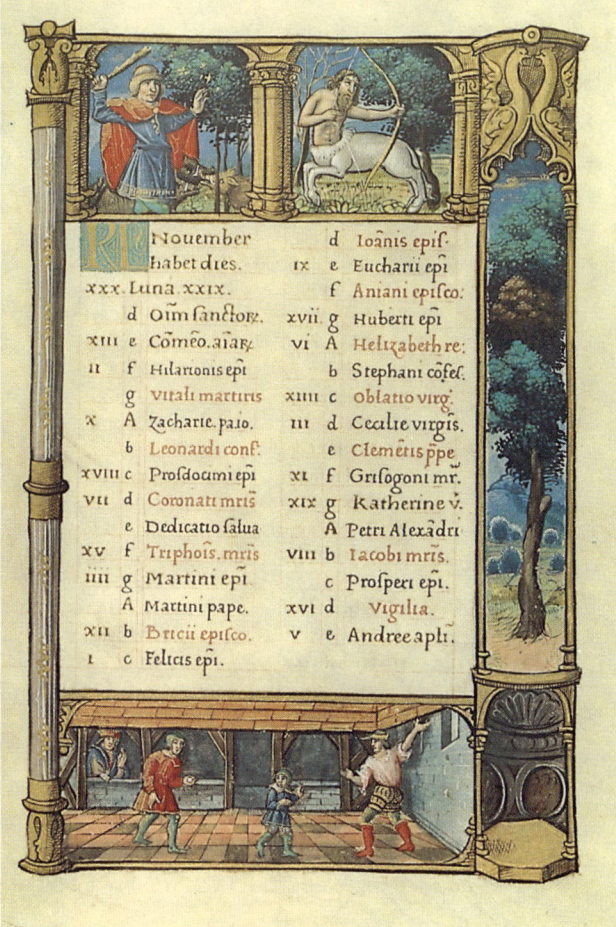

KL Nouember habet dies.
xxx. Luna. xxix.

	d	Oïm sanctor.
xiii	e	Cömeo. aïar̄.
ii	f	Hilarionis epi
	g	vitali martiris
x	A	Zacharie. paio.
	b	Leonardi conf.
xviii	c	Prosdocimi epi
vii	d	Coronati mr̄is
	e	Dedicatio salua
xv	f	Triphoïs. mr̄is
iiii	g	Martini epī
	A	Martini pape.
xii	b	Bricii episco.
i	c	Felicis epi.

	d	Ioānis epis.
ix	e	Eucharii epi
	f	Aniani episco.
xvii	g	Huberti epi
vi	A	Helizabeth re.
	b	Stephani cöfes.
xiii	c	Oblatio virḡ.
iii	d	Cecilie virgis.
	e	Clemētis ppe
xi	f	Grisogoni mr̄.
xix	g	Katherine v.
	A	Petri Alexādri
viii	b	Iacobi mr̄is
	c	Prosperi epi.
xvi	d	Vigilia.
v	e	Andree apli.

Tafel 1: Dem klösterlichen Kreuzgang ähnlicher Tennisplatz
(16. Jahrhundert).

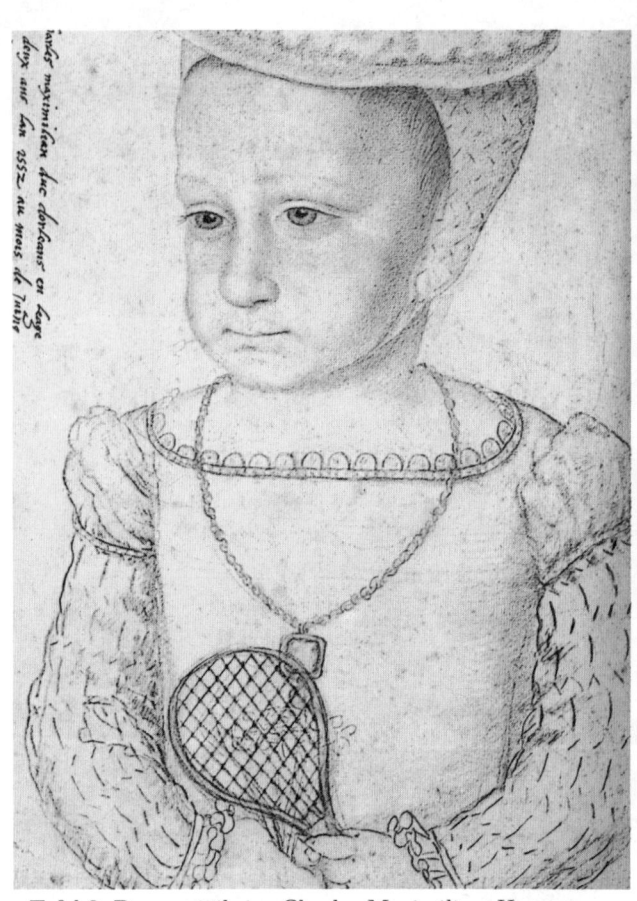

Tafel 2: Der zweijährige Charles Maximilian, Herzog von
Orléans und späterer König Karl IX., im Jahre 1552.

Tafel 3: Der Tod des Hyazinth (Gemälde von G.B. Tiepolo [1696–1770]).

Tafel 4: Das Ballhaus im Tübinger *Collegium Illustre* (17. Jahrhundert).

Tafel 5: Rackets in einem Londoner Gefängnis (aus P. Egans
Finish to Life in London, 1829).

Tafel 6: Die Übergabe des Urias-Briefes; im Hintergrund wird Tennis gespielt (Gemälde von Lucas Gassel, ca. 1554).

Tafel 7: Das Jeu de Paume in Versailles, wo es am 20. Juni 1789 zum »Ballhaus-Schwur« kam. (Gemälde von L.L. Boilly)

Tafel 8: Der Sohn des Bauarbeiters (Gemälde von Carlo
Carrà, 1917–21).

DER TENNISMYTHOS

Ballspiele waren ursprünglich nicht nur Zeitvertreib: Oft hatten sie einen religiösen Bezug, stellten Mythologisches in gespieltem Ritus dar. Dies trifft in besonderem Maße für die präkolumbianischen Ballspiele in Mexiko zu, in denen kosmische Mythen verlebendigt wurden – zum Beispiel der Kampf zwischen Sonne und Mond: Hier ist der Ball Symbol der Sonne.

In Japan hat sich aus uralter Zeit ein rituelles Fußballspiel erhalten: Dieses sogenannte Kemari wird in der Nähe eines Shinto-Schreins gespielt und von Priestern beaufsichtigt. Gerade im Land der aufgehenden Sonne ist es naheliegend, diese durch einen Ball zu symbolisieren.

Der Versuch konnte nicht ausbleiben, auch das Tennisspiel aus kultischen Gebräuchen herzuleiten. Zwar war die Sitte des Osterballs und des Brautballs auch schon im mittelalterlichen Europa verbreitet – doch haben diese Spiele, in denen der Ball Sonnen- und Fruchtbarkeitssymbol ist, nichts mit dem klösterlichen Ur-Tennis zu tun.

Tennis ist nicht aus einem gespielten Mythos entstanden, hat sich aber ansatzweise zu einem solchen entwickelt. Zumindest läßt sich dies sagen: Im Laufe der Zeit wird das Tennisspiel in bestimmte religiöse und mythische Vorstellungen einbezogen und dadurch aufgewertet. Deutliche Beispiele finden sich besonders in der bildenden Kunst.

Aus der Mitte des 16. Jahrhunderts sind mehrere Gemälde niederländisch-flämischer Maler erhalten, auf denen die Übergabe des Urias-Briefes dargestellt ist. Im 2. Buch Samuel (11, 2ff.) wird berichtet, wie König David sich in

Abb. 28: Der ertrunkene Knabe wird von St. Mansuetus zum
Leben erweckt (Zeichnung von Jacques Callot, ca. 1616).

Bathseba verliebt und ihren Mann Urias in den Tod
schickt:

> Am anderen Morgen schrieb David einen Brief an Joab
> und ließ ihn durch Urias überbringen. Er schrieb in
> dem Brief: Stellt Urias nach vorn, wo der Kampf am
> heftigsten ist, dann zieht euch von ihm zurück, so daß
> er getroffen wird und den Tod findet.

Dieses Motiv des Todesbriefes ist in alter Zeit weit verbreitet. So ist es wesentlicher Bestandteil des griechischen Mythos von Bellerophon: Dieser wird von König
Proitos mit solch einem Brief zu Iobates, König von
Lykien, geschickt.
In der erwähnten Gruppe von Gemälden, die wohl Bear-
beitungen eines Bildes von Lucas Gassel (ca. 1500–70)

Abb. 29: Der von einem Tennisball tödlich getroffene Knabe wird von St. Mansuetus zum Leben erweckt (Radierung von Jacques Callot, ca. 1616).

darstellen, wird das zeitgenössische Tennisspiel in die biblische Szene integriert: Im Vordergrund übergibt König David dem Urias den todbringenden Brief – dahinter ist ein Tennisplatz abgebildet, auf dem gerade ein Match stattfindet. Dieser Anachronismus ist zunächst verwirrend, dann aber verständlich: Am Hofe eines Königs treibt man königlichen Sport – Tennis. *(Tafel 6)* Unser zweites Beispiel stammt aus dem Anfang des 17. Jahrhunderts. Der bedeutende französische Zeichner und Radierer Jacques Callot (1592–1635) hat in einer Radierung (ca. 1616) das Wunder des Heiligen Mansuetus dargestellt. Dabei handelt es sich ursprünglich um ein typisches Bekehrungswunder: Mansuetus, im 4. Jahrhundert die heidnischen Kelten missionierend, erweckt einen in der Mosel ertrunkenen Sohn des Stammes-

fürsten wieder zum Leben und gewinnt so die Heiden für
den christlichen Glauben. Der Höhepunkt dieser from-
men Erzählung ist auf den vier erhaltenen Vorstudien
Callots dargestellt. *(Abb. 28)*

Hier wird der leblos aus dem Fluß geborgene Knabe von
dem Heiligen gesegnet und ins Leben zurückgerufen.
Erst in der späteren Radierung fügt Callot Tennisschläger
und Ball hinzu. *(Abb. 29)*

Durch diese anachronistische Zutat wird das dargestellte
Wunder umgedeutet: Nicht mehr ein Ertrunkener wird
wiederbelebt, sondern eines der damals so oft erwähnten
Opfer des Tennisspiels. Die Einbeziehung des Spiels in
den religiösen Bereich bewirkt – wie bei den niederländischen Malern – zweierlei: Die alte Geschichte wird
aktualisiert – und das Tennisspiel aufgewertet.

Ebenfalls einen Sportunfall hat der venezianische Maler
Giovanni Battista Tiepolo (1696–1770) dargestellt. *(Tafel
3)* Er hat den antiken Mythos vom Tode des Hyazinth in
faszinierender Weise umgeformt. In der ursprünglichen
griechischen Version spielen Apollo und der schöne
Hyazinth, sein Geliebter, mit dem Diskus. Da lenkt der
früher von Hyazinth verschmähte – und daher eifersüch-
tige – Zephyrus (der Westwind) den von Apollo geworfe-
nen Diskus so ab, daß Hyazinth tödlich getroffen zu
Boden sinkt. Aus dessen Blut entsprießt eine Blume (eher
eine Art Iris als unsere sogenannte Hyazinthe.)

Auf Tiepolos Gemälde wird Hyazinth nicht von einem
Diskus tödlich getroffen, sondern von einem Tennisball.
Apollo beugt sich verzweifelt über den von ihm getöteten
Freund. Im Vordergrund sind mehrere Tennisbälle und
ein schon sehr modern anmutendes Racket zu erkennen.
Bei dieser Umformung nimmt Tiepolo in Kauf, daß die
alte mythologische Bedeutung verlorengeht – der Tod
der Vegetation (Hyazinth) durch die Sonne (Apollo),

deren Symbol der Diskus ist. Dafür gewinnt er Apollo und Hyazinth als Tennisspieler – eine kaum noch zu steigernde Überhöhung dieses Spiels.

Solcher Sublimierung kommt lediglich der schwedische Mystiker Emanuel Swedenborg (1688–1772) unerwartet nahe. Dieser »Geisterseher« (Kant) schildert in seinem 1768 erschienenen Werk *De Amore Coniugali* die Freuden in einer jenseitigen Welt: Zu diesen himmlischen Wonnen gehört auch das Tennisspiel – allerdings nur von männlichen Wesen ausgeübt.

Heute sind die Tennisheroen nicht mehr mythologische Gestalten oder Könige. Sie sind bürgerliche oder – wie auf Carlo Carràs Gemälde *Sohn des Bauarbeiters* – kleinbürgerlicher Herkunft: soziale Aufsteiger. *(Tafel 8)*

Erst durch ihr Spiel erreichen sie königliche Bedeutung und werden zum Gegenstand moderner Mythenbildung. Sie werden heroisiert: In Wort und Bild werden sie mit den Fähigkeiten und Kräften griechischer Heroen ausgestattet. Vor allem ihre überproportionierten Beine und Arme erregen die Bewunderung des Beobachters. *(Abb. 30)*

Sie werden häufig auch geadelt – dann ist die Rede von »König« und »Königin«, »Kronprinz«, »Thronfolger«. Irgendwann beginnt auch ein »Tennis-Thron zu wanken«. Und – wie bei Shakespeare – dürfen Königsmörder und finstere Berater nicht fehlen.

In der Tat sind die heutigen Tennishelden dem ihnen ergebenen Volk weitgehend entrückt. Ab und zu zeigen sie sich der staunenden Menge, geben sogar Audienzen. Bittschriften – auch Gnadengesuche? – erhalten sie massenweise. Ihre treue Gefolgschaft trägt – dem Wappen von einst vergleichbar – den Namen des Souveräns auf dem Sweatshirt. Nur während sie an einem Turnier teilnehmen, wird man ihrer ansichtig. In der übrigen Zeit

Abb. 30: Der Tennisspieler als Heros – Jack Kramer beim Service.

leben sie in einer Isolierung, die königlichen Hoheiten angemessen ist. Und wenn der König Schnupfen hat, niest das Volk . . .

Neben Enthusiasmus, Heldenverehrung und Idolatrie tritt bereits früh eine distanziertere Bewertung: Das Tennisspiel wird von »Intellektuellen« zwar wohlwollend, doch relativierend betrachtet.

Schon 1879, als die erste Woge der *lawn-tennis*-Begeisterung über England schwappt, nimmt die englische satirische Zeitschrift *Punch* das Spiel aufs Korn:

Abb. 31: Das Racket als Gitarre I (*Punch*, 4. Okt. 1879).

Der Tennisschläger wird seinem Zweck entfremdet und von der Titelfigur des Blattes als Gitarre mißbraucht. Eben dieses Sakrileg begeht dreizehn Jahre später der Romancier Marcel Proust, als er in die Saiten seines Rackets greift. *(Abb. 32)*

In seinem *Tennis*-Gedicht hat der russische Lyriker Ossip Mandelstam (1891–1938) beide Grundhaltungen vorgeführt: die des Enthusiasmierten und die des kühlen

Abb. 32: Das Racket als Gitarre II (Marcel Proust auf dem Tennisplatz von Neuilly, 1892).

Betrachters. In der Rolle des letzteren verweist der Autor mit sanfter Ironie auf die Auswüchse eines allzu fanatisch, fast martialisch betriebenen Sports:

> Zwischen faden Sommerhäuschen,
> Die wie Leierkästen sind –
> Fliegt ein Ball, allein und mäuschen-
> Still: ein Zauber, der dir winkt!

Wer trat hier, gezähmt sein Feuer,
Ringsum Alpenschnee so hell,
Mit dem Mädchen (flinke Schläue)
Ins olympische Duell?

Lyra-Saiten sind zu schwächlich:
Drum schuf England, ewig-jung,
Goldene Rackets, unzerbrechlich,
Stärkere Saiten voller Schwung!

Schuf dem Spielkult seine Regeln –
Leicht bewaffnet, wer da siegt,
Als ein attischer Soldat sich gebend:
Ganz in seinen Feind verliebt!

Mailuft. Fetzen von Gewitterwolken.
Totes Grün welkt vor sich hin.
Hupen jetzt, Motorenrollen –
Flieder riecht hier nach Benzin.

Reines Quellwasser trinkt heiter
Unser Sportsmann, wie er's braucht:
Und dann geht der Krieg schon weiter,
Leuchtet nackt ein Arm da auf!

1913
Aus dem Russischen übertragen
von Ralph Dutli.

Am Ende unseres Gangs durch die Tennisgeschichte begegnen wir hier wieder dem Mythos – der Lyra Apolls. Doch während der Apollo Tiepolos das Tennisspiel durchaus mit seinen musischen Verpflichtungen in Einklang bringen konnte – er schlug ja auch die Leier –, sind nunmehr beide Bereiche meist getrennt. Vielleicht werden Lyra und Racket wieder einmal zusammenfinden. Einen Verse schmiedenden Tennisstar gibt es bereits.

ANHANG

AUSGEWÄHLTE BIBLIOGRAPHIE

Ein Essay enthält keine Fußnoten – so auch nicht der vorliegende. Hier jedoch soll vermerkt werden, welche Werke für unser Thema wichtig waren. Besonders verpflichtet bin ich folgenden Arbeiten:

Lord Aberdare: *The Willis Faber Book of Tennis & Rackets.* London, 1980

G. Clerici: *500 Jahre Tennis.* Berlin 1979; Neuauflage 1987.

J. Desees: *Les jeux sportifs de pelote-paume en Belgique du XIVe au XIXe siècle.* Bruxelles, 1967.

H. Gillmeister: *Aufschlag für Walther von der Vogelweide.* München, 1986.

J. Marshall: *The Annals of Tennis.* London, 1878.

Auch die folgenden Aufsätze und Bücher waren von Nutzen:

H. Gillmeister, »The Origin of European Ball Games: A Re-Evaluation and Linguistic Analysis«, in: *Stadion*, 1981, 19–51.

H. Gillmeister, »Über Tennis und Tennispunkte«, in: *Stadion*, 1977, 187–229.

H. Glöckle: *Geschichte des Sports.* München, 1987.

R. W. Henderson: *Ball, Bat and Bishop. The Origin of Ball Games.* New York, 1947; repr., 1974.

A. Herrmann, »Das Ballspiel im Ballhause«, in: *Olympische Rundschau*, 1941, 24–27.

F. K. Mathys: *Die Ballspiele. Eine Kulturgeschichte in Bildern.* Dortmund, 1983.

E. Mehl, »Warum zählt man beim Tennisspiel ›15, 30, 40, 60‹?«, in: *Olympische Rundschau*, 1939, 25–28.

W. Streib, »Geschichte des Ballhauses«, in: *Leibesübungen und körperliche Erziehung*, 1935, 373–382; 419–432.

L. Tingay, *Hundert Jahre Tennis.* Frankfurt, 1973.

FACHAUSDRÜCKE

Die Seitenangaben verweisen auf im Text erklärte Begriffe; dort nicht kommentierte Ausdrücke werden im folgenden erläutert. Wie im Text werden hier Begriffe, die nicht in die deutsche Sprache eingegangen sind, kursiv gesetzt.

ace: S. 75
advantage: S. 75
As: hart und plaziert geschlagener, für den Gegner daher unerreichbarer Aufschlagball (Lehnübersetzung zu englisch *ace*)
Badminton: S. 69
Ballhaus: S. 30, 33 (Abb. 11)
Break: Gewinn des gegnerischen Aufschlagspiels (= englisch *break* ›Durchbruch‹)
cache, caiche: S. 11
caetsen: S. 11
court: S. 75
court tennis: S. 64
dedans: S. 56 (Abb. 22)
deuce: S. 75
Einstand: Punktgleichstand in einem Spiel bei 40:40 oder späterem erneuten Ausgleich (entspricht dem englischen *deuce*)
esteuf: S. 39 f.
fault: S. 75
field-tennis: S. 68
grille: S. 56 (Abb. 22)
jeu de courte paume: S. 14, 49, 61
jeu de longue paume: S. 14, 49, 61
jeu de paume: S. 11, 14, 49 f.
jeu de tamis: S. 39
kaatsen: S. 11, 14
kaetschen: S. 18
lawn tennis: S. 67 f.
Lob: hoch und weit über den Gegner gespielter Ball (= englisch *lob*)
love: S. 76 f.

Rückhand: Schlag, bei dem der Handrücken in Spielrichtung zeigt (Lehnübersetzung zu englisch *backhand*)
Schmetterball: mit großer Kraft gespielter, über Kopf angenommener Ball (Lehnübersetzung zu englisch *smash*, ursprünglich ›heftiger Schlag‹)
Slice: »Anschneiden« des Balls, der durch Herunterziehen des Schlägers auf ungerader Flugbahn leicht nach oben gelenkt wird (= englisch *slice*, ursprünglich ›Scheibe, Schnitte‹)
Spin: durch »Anschneiden« erreichter Drall, Effet des Balles (= englisch *spin*, ursprünglich ›Drehung‹)
Stoppball: Der Ball wird extrem verlangsamt zurückgespielt, so daß er unmittelbar hinter dem Netz niedergeht – meist unerreichbar für den entfernt stehenden Gegner (freie Übersetzung des englischen *dropshot*)
Tie-Break: seit 1970 bei fast allen Turnieren eingeführte Abkürzung eines Satzes nach Gleichstand (6:6). Zum Satzgewinn ist der Vorsprung nur eines Spiels – sonst noch eines weiteren – erforderlich. Jeder Fehler zählt einen Punkt; zum Gewinn dieses verkürzten Spiel ist ein Vorsprung von zwei Punkten nötig. (= englisch *tie-break* oder *tie-breaker* ›Durchbrechen des Unentschiedens‹)
Topspin: Anschneiden des Balls, der durch Hochreißen des

Schlägers in eine Vorwärtsdrehung versetzt wird (= englisch *topspin*)

Treibschlag: Der Ball wird schnell und flach über das Netz in die Nähe der Grundlinie geschlagen (Lehnübersetzung zu englisch *drive*)

umpire: S. 75

Volley: aus der Luft angenommener Ball – »Flugball« (= englisch *volley*)

Vorhand: Schlag, bei dem die Innenfläche der Hand in Spielrichtung zeigt (Lehnübersetzung zu englisch *forehand*)

Vorteil: Der Spieler, der nach dem Einstand einen Punkt gewinnt, hat »Vorteil« – zum Spielgewinn benötigt er einen weiteren Punkt. (Lehnübersetzung zu englisch *advantage*)

BILDNACHWEISE

Abb. 1: Foto: K. J. Svoboda (Privatbesitz)
Abb. 9: Wolfgang Birkner: »New erbawtes Ballnhaus zue Coburgk«, Kunstsammlungen der Veste Coburg, Kupferstich-kabinett
Abb. 10: Bayerische Staatsbibliothek, München
Abb. 13: Bibliothèque Nationale, Paris
Abb. 15: Bild-Archiv der Österreichischen Nationalbibliothek, Wien
Abb. 27: Ferdinand Lindner. Historisches Sportarchiv adidas
Abb. 28: Statens Konstmuseer/Nationalmuseum, Stockholm
Abb. 29: Graphische Sammlung Albertina, Wien
Abb. 32: Bibliothèque Nationale, Paris

Tafel 1: Bodleian Library, Oxford. Ms. Douce 135, folio 7 recto
Tafel 2: Paolo Guidotti/Mondadori, Mailand
Tafel 4: Herzog August Bibliothek, Wolfenbüttel. Cod. Guelf. 84.6 Aug. 80
Tafel 7: Fondazione Thyssen Bornemisza, Lugano
Tafel 8: © VG Bild-Kunst, Bonn 1988

Umschlagabbildung: Tony Wilding beim Schmetterball und Norman Brookes bei einem seiner typischen Volleys. Aus: Gianni Clerici, 500 Jahre Tennis. Ullstein, 1987.

Alle übrigen Abbildungen stellte der Autor dem Verlag zur Verfügung.

Anthologien
im insel taschenbuch

Anthologien
im insel taschenbuch

Anthologien
im insel taschenbuch

163/3/6.89

Literatur und Reisen
im insel taschenbuch

Literatur und Reisen
im insel taschenbuch

158/2/6.89

Literatur und Reisen
im insel taschenbuch

158/3/6.89

Literatur der Moderne
im insel taschenbuch

155/1/6.89

Literatur der Moderne
im insel taschenbuch

Literatur der Moderne
im insel taschenbuch

155/3/6.89

Kunst und Musik
im insel taschenbuch

Kunst und Musik
im insel taschenbuch

157/2/6.89

Kunst und Musik
im insel taschenbuch

157/3/6.89